ARQUEOLOGÍA IMPOSIBLE

El legado oculto
de los Maestros Constructores

© Francisco González
© Mado Martínez (coordinadora editorial)
© Editorial Odeón, 2016
 Tlf.: (+34) 952 714 395
 Fax: (+34) 952 714 342
 Canteros 3-7 -29300- Archidona (Málaga). SPAIN
 info@editorialodeon.com
 www.editorialodeon.com

 Editorial Odeón es un sello de © Ediciones Aljibe, S. L.
 www.edicionesaljibe.com

 ISBN: 978-84-9700-820-4
 Depósito legal: MA 246-2016

 Diseño, maquetación y cubierta: Al-Ophiucus XXII
 Imágenes de fondo e inicio de capítulos: © Heartland Arts
 Imágenes de cubierta: © Luchschen (Dreamstime.com), © Rolffimages (Dreamstime.com)

 Imprime: Imagraf. Málaga.

 Esta obra, así como el contenido multimedia que la acompaña, está destinada exclusivamente para uso privado. Si desea hacer uso de la misma con fines lucrativos o de carácter público, deberá necesariamente solicitar una licencia destinada a tal efecto. Cualquier forma de reproducción, distribución, comunicación pública o transformación del contenido de esta obra en parte o en su totalidad, solo puede ser realizada con la autorización de sus titulares, salvo excepción prevista por la ley.

Francisco González

ARQUEOLOGÍA
IMPOSIBLE

El legado oculto de los Maestros Constructores

A Cristina.

ÍNDICE

Introducción 11

I. Caminando entre megalitos 19

II. La herejía babilónica y el arca del Noé sumerio 53

III. Armenia: piedras, metales y estrellas 83

IV. Nabta Playa y el origen de la civilización egipcia 101

V. La esfinge celeste de los Shemsu Hor 117

VI. Çatal Höyük: el santuario de la Diosa Madre 145

VII. Göbekli Tepe: donde la historia se hace añicos 171

VIII. La conexión sumeria de Nazca 179

IX. Los anasazi y el misterio del Cañón Chaco 219

X. De Estiria a Capadocia: un enigma intraterrestre 245

XI. Hay otros mundos... bajo el mar 273

XII. La pirámide primordial de Gunung Padang 299

Bibliografía 321

INTRODUCCIÓN

Nemrod, monarca de Mesopotamia, sosteniendo un ciervo; © khd (págs 10-11)

El término "megalitismo" nace de la unión de las palabras griegas *mega* (grande) y *lithos* (piedra) y designa un fenómeno cultural caracterizado por la realización de construcciones arquitectónicas con enormes bloques de piedra apenas desbastados y conocidos precisamente como megalitos. Existe una gran variedad de monumentos megalíticos. Unos se presentan erguidos y aislados (menhires); otros en grupos de tres, cuatro o más lajas colocadas a la manera de una mesa (dólmenes); o en una serie de bloques dispuestos alrededor de un espacio de terreno llano, reducido o mucho más amplio, y adoptando una forma circular o elíptica (crómlech). A partir de estas categorías simples, las construcciones megalíticas pueden presentar características dispares.

Así, ciertos menhires poseen símbolos inscritos, en general formas abstractas de difícil interpretación. Otros fueron horadados con una especie de mirilla, practicada muy cerca de su vértice superior, orificio circular sobre cuya función se han barajado múltiples posibilidades. En cuanto a los dólmenes, algunos se construyeron adosados a habitaciones más amplias, a menudo cámaras funerarias o recintos de pretendido carácter ritual. Los crómlech, por su parte, también evolucionaron hacia diseños más complejos, siendo la estructura megalítica de Stonehenge, en Gran Bretaña, el mejor ejemplo de esta sofisticación. Valgan estas someras explicaciones como introducción al "qué". En relación con el "dónde", la arqueología ortodoxa ha tendido a delimitar geográficamente el fenómeno megalítico, focalizándolo en la Europa atlántica y en el Mediterráneo occidental. No obstante, la realidad, siempre obstinada, desbarata esta interpretación.

Por ejemplo, existen piedras horadadas en Gran Bretaña, pero también las hay en Europa central y en lugares tan alejados como Turquía, Armenia y la India. De igual modo, cualquiera que observe el dolmen de Menga, en España, y lo compare con el monumento megalítico Ishibutai Kofun, ubicado en Japón, pensará que ambos fueron construidos por el mismo arquitecto. Y en cuanto a los crómlech, por muy bretón que sea el vocablo del que procede el término, hallaremos círculos megalíticos en enclaves tan separados de Francia como el desierto de Nubia, al sur de Egipto, donde hace milenios se erigió el crómlech de Nabta Playa, una estructura modesta y escasamente conocida, pero señalada por algunos investigadores como la cantera intelectual de los maestros constructores del Antiguo Egipto.

Los ejemplos que demuestran que el megalitismo no es un fenómeno restringido a la Europa atlántica y al Mediterráneo occidental son incontables y se extienden por prácticamente todo el planeta.

Ahora, vayamos con el "cuándo" y, desde luego, con el "quién". La arqueología ortodoxa, cuyos máximos exponentes han surgido en las aventajadas universidades europeas, culpa del "invento" a las sociedades complejas de finales del Neolítico (4.500 a. C.) o, más en concreto, a los jefes o chamanes que se arrogaron el poder, tanto simbólico y espiritual como efectivo, de aquellas primeras tribus que denotaban cierta organización social. En el ámbito del megalitismo atlántico, por ejemplo, conocemos a esos chamanes con el nombre de druidas y la sola mención del término evoca la Britania de los celtas y los pictos, pero también de los Thuatha Dé Danann, el misterioso pueblo que habitó las Islas Británicas en tiempos muy remotos, sin duda mucho antes que aquellas tribus.

Sin embargo, la teoría que convierte en arquitectos a los chamanes o druidas choca con dos importantes escollos. Por una parte, ni los druidas ni los chamanes de cualquier otro lugar del mundo dejaron registros escritos sobre sus actividades. Por otra, gracias a la antropología sabemos que los chamanes sanaban a los enfermos, adivinaban el futuro y, en general, actuaban como supuestos mediadores entre el mundo de los vivos y el de los espíritus. Pero especular con que levantaran complejos megalíticos como Skara Brae, en las Islas Orcadas, o Zorats Karer, en Armenia, resulta muy arriesgado. Salvo que no fueran simples curanderos... ni su marco temporal fuese el Neolítico.

El hallazgo en 1.994 del santuario de Göbekli Tepe, en el sudeste de Turquía, gracias a la perseverancia del arqueólogo alemán Klaus Schmidt, cambió drásticamente nuestra perspectiva sobre el origen de la civilización, pues este templo megalítico se erigió hace al menos 11.500 años, doblando en antigüedad a enclaves emblemáticos como el ya citado de Stonehenge. Sin embargo, Göbekli Tepe es tan sofisticado o más que el célebre yacimiento británico.

También en Turquía, el descubrimiento y posterior datación del antiquísimo asentamiento de Çatal Höyük (8.000 a. C.) hizo añicos la versión que la ciencia había propuesto sobre nuestros orígenes.

En esencia, lugares como Göbekli Tepe y Çatal Höyük constituyen un enervante desafío para quienes han escrito la historia de nuestra civilización. La razón es que dichos enclaves están donde no deberían estar. Peor incluso: los construyeron personas con las que no acabamos de identificarnos, pues el presumible grado de cohesión social y la tecnología avanzada que necesitaron para erigirlos no son lo que cabría esperar de un grupo de individuos recién salidos de las cavernas.

A propósito de Göbekli Tepe, resulta llamativo que tres décadas antes de su hallazgo, un equipo de arqueólogos norteamericanos desestimara su excavación, al creer que los pedernales apilados en la colina bajo la cual se ocultaba el santuario, correspondían a un asentamiento bizantino con escaso interés. Algo parecido ocurrió en Çatal Höyük. Descubierto inicialmente en 1.958, este asentamiento habría pasado desapercibido de no ser por la insistencia del arqueólogo británico James Mellaart, quien intuyó que aquel páramo cercano a la ciudad de Konya escondía los vestigios de un antiquísimo asentamiento. Hoy, no pocos investigadores se refieren a Çatal Höyük como la primera ciudad construida por la humanidad.

Muy a menudo, los investigadores no disponen de registros históricos que les ayuden en sus pesquisas. De hecho, varios de los mayores descubrimientos arqueológicos de la historia se deben a que sus artífices hicieron más caso a su instinto que al sentido común; o bebieron de fuentes "no científicas" tales como relatos épicos, mitos y leyendas.

Este fue el caso del millonario y arqueólogo amateur Heinrich Schliemann, quien descubrió las ruinas de Troya en 1.871. Ningún arqueólogo serio habría esperado que la ciudad cantada por Homero en la Ilíada y en la Odisea fuese real. Al contrario, Schliemann estaba convencido de que muchas leyendas contienen un poso de verdad y persuadido de que Troya existió, como así quedó demostrado.

Hay más ejemplos de científicos —o respetables no científicos— con la mente abierta. El arqueólogo italiano Paolo Matthiae descubrió la ciudad-estado de Ebla, en Siria, desoyendo los consejos de todos cuantos le advirtieron que no la buscara ni allí ni en ninguna parte. A principios del siglo XX, su homólogo Arthur Evans excavó en la isla de Creta las ruinas del asombroso palacio de Cnosos, descubriendo al mundo que el Laberinto del Minotauro no era tan mitológico como pensábamos. Otro arqueólogo británico, Leonard Wooley, ha pasado a la historia por haber descubierto la también legendaria ciudad sumeria de Ur y, de paso, por haber hallado evidencia geológica de que el diluvio cantado en el Poema de Gilgamesh no era un cuento infantil... ni ese relato ni otros muchos descritos en las tablillas de arcilla descubiertas en Mesopotamia.

Bien lo supo el eminente asiriólogo Samuel Noah Kramer, quien en 1.956 se atrevió a sugerir que los sumerios, hace cinco mil años, dejaron testimonio escrito del primer Job, el primer Moisés, el primer San Jorge, el primer paraíso, la primera resurrección de un dios y, desde luego, el primer Diluvio.

Décadas después, el también asiriólogo Irving Finkel completó el puzzle de aquel cataclismo que asoló Mesopotamia, confirmando que el Noé sumerio se llamaba Siuzudra y el relato de aquella gran inundación fue escrito alrededor de 1.500 años antes de que los escribas del Génesis plasmasen lo que en la tradición judeocristiana se conoce como Diluvio Universal. Que los sumerios documentaron el Diluvio mucho antes que los redactores de la Biblia era y sigue siendo un secreto a voces, pero existe una especie de ley del silencio a propósito de éste y otros hallazgos que implican a las tres grandes religiones monoteístas.

En cualquier caso, la ocurrencia de un desastre natural a escala planetaria parece estar fuera de toda duda. Con toda probabilidad, sucedió como consecuencia del deshielo tras el último periodo glacial, cuyo drástico colapso se produjo hace alrededor de 12.000 años. Este oscuro suceso de nuestra historia reciente podría explicar otras anomalías arqueológicas que desconciertan a los investigadores.

Así se deduce del hallazgo de numerosas ruinas sumergidas frente al litoral en diferentes áreas del planeta muy distantes entre sí. Son los casos del conocido como Monumento Yonaguni, en Japón; de la "Mansión de Krishna", en aguas del Golfo de Khambhat, en la India; o de Thonis-Heracleion, frente a las costas de Alejandría, en Egipto. Llamativamente, la existencia de estos enclaves tampoco estaba documentada en ningún registro histórico, pero sí en leyendas o en textos de carácter mitológico que la ciencia consideraba inverosímiles y, por ende, improbables.

De igual modo, aquella terrible amenaza vinculada o no con la última Edad de Hielo, pudo obligar a nuestros remotos antepasados a buscar refugio bajo tierra. Se ha constatado la presencia de túneles habitacionales en Gran Bretaña y en Europa Central, aunque el mejor ejemplo de estas inquietantes construcciones lo tenemos en Capadocia, la histórica región de Anatolia célebre por sus paisajes lunares y sus espectaculares ciudades subterráneas, urbes perfectamente equipadas en cuyo interior vivieron cientos de miles de personas.

Se ha especulado mucho acerca de cuándo y quiénes horadaron estos termiteros humanos. Así, por ejemplo, la mayoría de los historiadores vinculan los túneles que recorren la región austriaca de Estiria con la actividad minera impulsada por el Imperio romano. Otros académicos, en cambio, relacionan estos túneles con la llegada a Europa Central de monjes eremitas provenientes del este. Pero uno de los mayores expertos en estas enigmáticas galerías, el profesor Heinrich Kusch, identifica a sus constructores con los primeros grupos humanos organizados que se asentaron en Austria.

En el caso de las ciudades subterráneas de Capadocia, las dataciones de los escasos restos hallados en las mismas parecen señalar a los hititas. No obstante, el estilo constructivo de estas urbes nada tiene que ver con los esquemas arquitectónicos de este poderoso pueblo de origen indoeuropeo. Además, es sabido que los belicosos hititas, fundadores de uno de los imperios más sólidos de la antigüedad, no temían a nada ni a nadie. ¿Por qué habrían de ocultarse bajo tierra?

Al otro lado del mundo, en Norteamérica, el pueblo anasazi construyó viviendas de hasta cinco plantas varios siglos antes de que este modelo urbanístico se reprodujera en las ciudades de Estados Unidos. Extrañamente, los nativos anasazi ocultaron sus viviendas en los abrigos rocosos del Cañón Chaco, como si temieran que el cielo fuese a derrumbarse sobre sus cabezas. Pero este no es el único misterio relacionado con ellos. En 1.982, fotografías de la NASA desvelaron la presencia de antiguos caminos que convergían en Cañón Chaco. Nadie había reparado antes en ellas, pero se trataba de avenidas amplias y rectas, varias de las cuales nacían –o acababan– al borde de escarpados precipicios.

Algunos arqueólogos han creído ver ciertas similitudes entre estas carreteras y los célebres geoglifos ubicados en Perú conocidos como Líneas de Nazca. En su opinión, unas y otros no serían sino rutas ceremoniales trazadas para servir de guía a peregrinos. Pero no todos los estudiosos de la cuestión están de acuerdo con esta hipótesis. Todavía hoy se debate si los intrincados diseños de Nazca representan un mapa astrológico, una ofrenda a los dioses o incluso pistas de aterrizaje para naves alienígenas que nos visitaron en un pasado remoto, entre otras teorías.

Obviamente, la inmensa mayoría de arqueólogos no quiere ni oír hablar de visitantes extraterrestres, del mismo modo que tampoco aceptan la posibilidad de que en tiempos remotos nos precediera otra humanidad, una civilización con conocimientos increíblemente avanzados cuyo legado está más a la vista de lo que muchos creen. Pero quizá haga falta que nazcan otros Schliemann, Wooley y compañía para sacarlo a la luz.

capítulo I
CAMINANDO ENTRE MEGALITOS

«Las teorías de la ciencia y del mundo académico, al igual que las creencias religiosas, están sometidas a un proceso constante de cambio que hace que la ortodoxia de una época se convierta en la herejía de la siguiente, y viceversa».

John Michell (*A little history of Astro-Archaeology*).

Dos de las Men-an-Tol, en Cornualles, Inglaterra; © Helen Hotson (págs 18-19)
Stonehenge, en el condado de Wiltshire, Inglaterra; © Diego Delso (págs 20-21)
La piedra horadada de Doagh, en el Condado de Antrim, Irlanda; © Francisco González (pág 27)
El conjunto de Men-an-Tol, en Cornualles, Inglaterra; © Nilfanion (págs 30-31)
Círculo megalítico de las Islas Orcadas, Escocia; © Francisco González (págs 34-35)
Vista panorámica de la colina de Tara; Philipp Reichmuth (págs 48-49)

Cada año, aproximadamente un millón de personas visitan Stonehenge, el célebre monumento megalítico situado en los alrededores de Amesbury, en el condado de Wiltshire (Inglaterra). La atracción que genera este bello complejo, datado hacia finales del Neolítico, es comparable a la que ejercen tantos y tantos lugares de poder repartidos por todo el mundo. El epíteto "de poder" puede resultar vago si vemos estos monumentos a través de fotografías o documentales de televisión, pero cobra su verdadero sentido si tenemos la fortuna de observarlos de cerca o, por qué no, tocarlos, cuando no hay restricciones a ese respecto. Permanecer en silencio frente a estas moles imponentes provoca en cualquier persona medianamente sensible un estado apacible, placentero, que parece proceder no tanto del objeto que estamos contemplando, sino del espacio físico donde se asienta.

Porque, en general, los constructores de estos gigantes pétreos no los situaron ni mucho menos al azar. Muy al contrario, pues eligieron enclaves que ellos tomaban por sagrados, ya fuera a causa de un suceso relevante que se hubiera producido allí; de su ubicación junto a un accidente natural (un manantial, una encrucijada de corrientes subterráneas, el abrigo de una montaña con una morfología peculiar...); o de una larga tradición de la que apenas

queda un vago recuerdo, ya que quienes la iniciaron murieron miles de años atrás y, con ellos, los verdaderos motivos que les llevaron a obrar de aquel modo.

Al desconocer los porqués, la sensación grata que nos produce admirar estas estructuras suele dar paso a otra más incierta, casi desasosegante, propia de quien se enfrenta a un suceso rodeado por elementos de "alta extrañeza" (valga el concepto que gustaba utilizar el desaparecido ufólogo J. Allen Hynek). Pero no, aproximarse al estudio de estos megalitos no es como hacerlo al fenómeno OVNI, tan elusivo y fugaz. Aunque, bien pensado, para descubrir su secreto también hay que mirar hacia las estrellas. A día de hoy, la relación entre megalitismo y astronomía, aparentemente bien fundamentada, no es sino uno de los distintos aspectos asociados con estas construcciones, de las que se ha dicho y escrito que son marcadores astronómicos, monumentos funerarios, centros religiosos, agujas de acupuntura para sanar el planeta, el legado de una civilizacón perdida, puertas a otras dimensiones… Estas y otras muchas son las hipótesis que se manejan para explicarlas, todas ellas dignas de consideración.

EN EL CÍRCULO

Quien haya visitado Stonehenge coincidiendo con el solsticio de verano, se habrá topado con un espectáculo insólito, más parecido a un desfile de carnaval que al encuentro de un grupo de respetuosos peregrinos. Obviamente no siempre fue así, pero es muy difícil imaginar cómo era Stonehenge antes de que comenzara a mencionarse en los registros históricos. Ponerse en la piel y en la sensibilidad de aquellos hombres y mujeres, hace cinco mil años —si hacemos caso a la datación comúnmente aceptada—, supone un ejercicio instrospectivo demasiado agotador, aunque no tanto para algunos de quienes lo afrontaron unos pocos siglos antes que nosotros. Y es que, de las primeras fuentes escritas emana una frescura y un debate sorprendentes, alejados del cientificismo que impregna los informes académicos actuales sobre este y otros ejemplos de megalitismo.

Los neopaganos o modernos druidas que se congregan hoy frente a Stonehenge, no hacen sino imitar una confusa tradición que se pierde en la noche de los tiempos. Muchos de estos peregrinos ni siquiera han nacido en las Islas Británicas, pero los habitantes de la localidad de Amesbury, la más cercana a este complejo megalítico,

Más de cuatro mil años después de que fuera levantado, ni la tecnología a nuestro alcance ni —sobre todo— nuestros patrones mentales han logrado desvelar con qué finalidad se construyó Stonehenge.

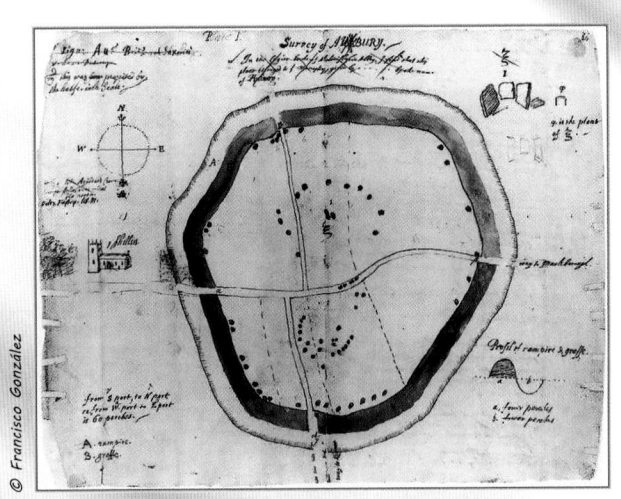

A mediados del siglo XVII, John Aubrey trazó interesantes mapas de Avebury, anticipando hipótesis cercanas a la arqueoastronomía.

siempre se han reunido junto a las piedras de Stonehenge antes del amanecer del día más largo del año, aunque ésta sea una pista demasiado imprecisa para ubicar cronológicamente el fenómeno.

Resulta igualmente interesante el hecho de que, junto a la gente de Amesbury, se reunieran los miembros de la Orden de los Druidas, que aguardaban la salida del sol vestidos con sus ropas rituales. La conexión entre druidas y megalitos sí está documentada, al menos desde finales del siglo XVII, cuando John Aubrey (1.626 - 1.697) dejó constancia de dicha relación. Más detalles al respecto aportó en 1.740 el reverendo William Stukeley, la primera persona en anotar que el eje formado por Stonehenge y la avenida frente al complejo se dirigían hacia el nordeste, «donde se alza el sol cuando los días son más largos» (*Stonehenge, a Temple Restored to the British Druids*).

Cuando Stukeley, gran predicador druida, advirtió sobre esa particularidad, recordó la tradición ancestral de orientar los templos hacia el sol naciente en el día de su fundación, costumbre sobre la que se había escrito mucho desde Plutarco y probablemente antes que este autor clásico. Al mismo tiempo, y seguro que sin saberlo,

William Stukeley (1.687-1.765)

El reverendo Stukeley fue el primero en constatar que el eje formado por Stonehenge y la avenida frente al complejo se dirigían hacia el nordeste.

el reverendo Stukeley acababa de poner la primera piedra —nunca mejor dicho— en la sistematización de la astroarqueología, una nueva ciencia que estudiaría los yacimientos arqueológicos combinando herramientas metodológicas: la astronomía y la arqueología.

Hasta que Stukeley propusiera sus teorías sobre Stonehenge, los británicos convivían con naturalidad con las "grandes piedras" sin hacerse demasiadas preguntas acerca de su origen y autoría. De hecho, la creencia popular despachaba el asunto aduciendo que la disposición de aquellas moles obedecía a algún ritual secreto, y que sus constructores, dadas las dimensiones ciclópeas de las rocas, tuvieron que ser gigantes... o brujos. En realidad, las hipótesis de Stukeley no estaban tan alejadas del pensamiento de sus coetáneos, salvo porque él señalaba a los druidas como arquitectos de aquellas magníficas construcciones, insistiendo en una conexión celeste para explicar su función.

A los británicos del siglo XVIII les cautivó la idea de que los druidas hubiesen erigido aquellos complejos megalíticos, y reivindicaron el papel que estos magos benévolos habrían desarrollado al levantarse contra la opresión militar y cultural del Imperio romano. Pero, más allá de esta lectura de la antigüedad de las Islas Británicas entre romántica y nacionalista, la verdadera aportación de Stukeley se concretó en que los investigadores de los megalitos dejaron de verlos como piedras ancladas a la tierra sin más vínculos con su entorno, pasando a estudiarlos según su posible relación con los cuerpos celestes. Si esto era así, los monumentos megalíticos cobraban una dimensión trascendente al convertir a quienes los erigieron en sabios, arquitectos y astrónomos, probables conocedores de un código mágico-científico ancestral.

> «[...] los monumentos megalíticos cobraban una dimensión trascendente al convertir a quienes los erigieron en sabios, arquitectos y astrónomos, probables conocedores de un código mágico-científico ancestral.»

Hace ocho mil años, los habitantes de la comuna francesa de Carnac levantaron miles de menhires, cuya razón de ser y aparentes alineamientos traen de cabeza a los arqueólogos.

> «[...] el megalitismo es un fenómeno extendido a prácticamente todo el mundo y presenta tanta diversidad en sus formas como distintas fueron las épocas en que se desarrolló.»

Por otra parte, la hipótesis de los druidas era exportable a otros lugares donde existían condiciones semejantes. Irlanda, el norte de España, la Galia (Francia) y, en general, la Europa céltica, tenían en común la abundancia de megalitos y la tradición de una clase sacerdotal pagana. Claro que, en abstracto, el megalitismo es un fenómeno extendido a prácticamente todo el mundo y estas construcciones presentan tanta diversidad en sus formas como distintas fueron las épocas en que se erigieron. ¿Sigue funcionando la teoría de los druidas constructores de megalitos en esos otros lugares tan alejados geográfica y culturalmente?

Frente a una mayoría de autores que acotan este fenómeno al focalizarlo en la Europa atlántica y en el Mediterráno, excluyendo así el resto de construcciones repartidas por todo el planeta, otros no sólo advierten que el mero hecho de desbastar y erigir estas grandes piedras pareció obedecer a un propósito común y universal, sino que buscan a sus autores en una especie de limbo en la historia de la humanidad, un periodo incierto y desde luego anterior a la última Edad de Hielo, que se correspondería con lo que se ha dado en llamar "Edad de Oro" o así se sigue pregonando en los siempre restringidos círculos de esoteristas.

Obviamente, los defensores de esta cronología alternativa para la historia de la humanidad no son bienvenidos en los ámbitos académicos, desde donde se les liquida arrojando sus teorías al oscuro pozo de la pseudociencia. No obstante, la creencia en esa Edad de Oro y en la "Civilización Madre" que supuestamente la ocupó, continúa atrapando nuestra imaginación pese a que, obviamente, se

Robespierre (2.005)

Dolmen de Valencia de Alcántara (en Cáceres, España).

trata de una especulación sustentada por delicados cimientos, inaceptables desde el punto de vista de la ortodoxia científica.

En su conocida obra *El retorno de los brujos*, Louis Pauwels y Jacques Bergier planteaban la siguiente reflexión: «'Si en la prehistoria existían técnicas altamente desarrolladas, ¿por qué no encontramos ningún indicio de ellas?', pregunta el arqueólogo clásico. Claro que hay indicios. Y quizá encontraríamos más si el espíritu estuviera dispuesto a buscarlas».

Resulta llamativo que Pauwels y Bergier apelaran a una búsqueda espiritual, no pragmática, como si los indicios probatorios de esa humanidad tecnológicamente avanzada aunque prehistórica tuvieran más que ver con la elevación de nuestra conciencia que con pruebas palpables y mesurables. Y, sin embargo, a veces quizá sea suficiente con que tomemos cierta distancia del objetivo.

ANTES QUE LOS DRUIDAS

Por ejemplo, y a propósito de esa pretendida tradición druídica vinculada con el megalitismo, viajemos hasta el condado de Antrim, en Irlanda del Norte. Allí, en los alrededores de la localidad de Doagh, en mitad de un campo sin encanto, una extraña piedra se yergue solitaria. Desde el camino más cecano, la roca tiene la pinta de un menhir convencional, aunque su apariencia de daga nos recuerda vagamente el perfil de un ave. No obstante, según nos acercamos, comenzamos a apreciar otra anomalía próxima a su vértice superior.

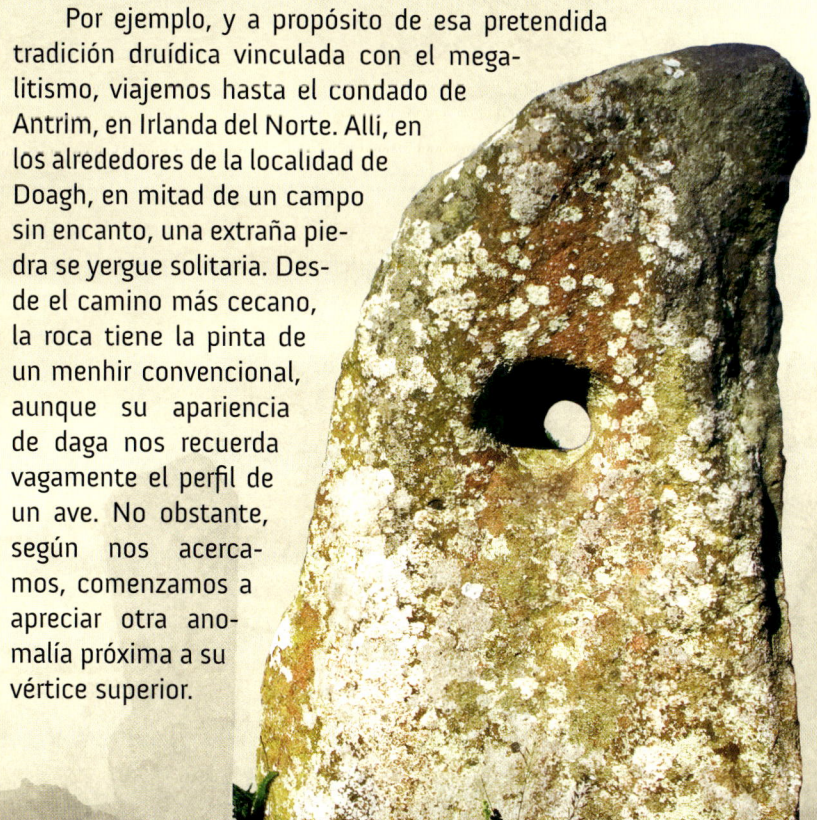

Se trata de un agujero perfectamente circular que, sin duda, fue practicado intencionadamente. De hecho, la oquedad está cuidadosamente perfilada, como si alguien hubiese puesto todo su empeño en que así fuera. La pregunta es obvia: ¿cuál pudo ser la finalidad de la abertura? Como quiera que la piedra mide apenas un metro y cuarenta centímetros, ningún adulto que sobrepase dicha altura puede sustraerse a la tentación de mirar a través del agujero; esto es: nuestra curiosidad —aunque también nuestra experiencia— nos empuja a usar la oquedad como si de un rudimentario "mirador" se tratara.

Norman Lockyer (1.836 - 1.920)

Científico con mentalidad abierta, Lockyer advirtió que las extrañas piedras horadadas pudieron erigirse para observaciones astronómicas.

Claro que, ahora, surgen nuevas preguntas. Por ejemplo, descartando que existieran "turistas neolíticos", el mirador debió tener una finalidad menos lúdica; al fin y al cabo, no resultaría lógico que nuestros lejanos ancestros se tomaran tantas molestias sólo para pasar el rato. Es seguro que Sir Norman Lockyer, el gran astrónomo británico, se hizo estas mismas preguntas a finales del siglo XIX y, dadas su formación académica y mente abierta, formuló respuestas que hoy se nos antojan propias del sentido común, pero que en su día resultaron ser extremadamente audaces.

Evidentemente, Lockyer sostenía que aquellas piedras agujereadas eran instrumentos para observaciones astronómicas, y se refería al peculiar fenómeno utilizando el plural, puesto que las Islas Británicas poseen numerosos ejemplos de estos misteriosos menhires horadados. Hubo más, pero la intolerancia religiosa hizo que muchas acabaran destruidas a martillazos. Barn Stone, Tolven Stone, Men-an-Tol, Odin Stone y la ya citada de Doagh figuran entre las más conocidas de estas piedras horadadas, pero resulta llamativo que no deban su fama a su capacidad para las observaciones astronómicas —o equinocciales, como sugería el mitólogo alemán Max Müller—, sino a sus pretendidas propiedades esotéricas, terapéuticas o contractuales, por mencionar sólo tres de las inopinadas aplicaciones que las acompañan.

Y es que, según preguntemos a un habitante de Cornwall, las Islas Orcadas, Antrim o cualesquiera de los lugares donde permanecen ancladas, el interrogado sugerirá una utilidad práctica para la piedra en cuestión, bien sea la de cerrar un trato entre vecinos, sellar un pacto de amor o fidelidad entre futuros esposos, sanar de una determinada enfermedad, favorecer el paso del alma hacia el más allá y, probablemente la más evidente desde el punto de vista simbólico, promover la fertilidad de la mujer.

Este característico dolmen británico posee réplicas casi idénticas en Portugal, Francia y España, pero también en lugares tan alejados como Japón.

En cuanto al modo de obtener dichos parabienes, varían entre rodear el menhir cuantas veces nos indique nuestro anfitrión, estrechar la mano de la persona con la que cerremos un pacto a través del orificio practicado en la roca, hacer lo propio con nuestra pareja si se trata de jurar amor eterno al margen de la bendición de un sacerdote, pasar del mismo modo a un bebé para que los dioses le den salud y un largo etcétera de posibilidades a cada cual más peculiar, pero igualmente prácticas.

Así, vemos que las piedras sirven para casi todo, aunque las tradiciones populares suelen pasar por alto precisamente su uso como telescopios con los que observar las estrellas. Ahora bien, ¿hemos de desestimar todas estas creencias como fruto del desconocimiento o la imaginación popular? ¿Y si tales relatos, al igual que muchos mitos, representaran el recuerdo residual de un suceso verdadero que se ha mantenido a duras penas sólo gracias a la tradición oral?

La piedra horadada de Doagh, en el condado de Antrim, pudo servir para observar el firmamento, aunque los habitantes del lugar llevan siglos usándola para formalizar matrimonios poco cristianos.

Volviendo a la piedra de Doagh, en el condado irlandés de Antrim, el arqueólogo amateur Henry Cairnes Lawlor dejó escrito lo siguiente en 1.930: «No puedo pensar en ningún monumento prehistórico de cuya historia escrita no sepamos absolutamente nada, cuya finalidad haya sido tan bien preservada por una tradición inviolable como la piedra horadada [...]. A día de hoy, pese a la mentalidad cambiante de las gentes y al paso de las generaciones, la costumbre que identifica la piedra horadada con un compromiso, con el símbolo del matrimonio, permanece intacta; de hecho, parejas de todo el condado siguen acudiendo hasta Doagh para juntar sus dedos a través del anillo o agujero de la roca, por difícil que esto les resulte».

En su intento por rastrear el origen de la singular tradición preservada en Doagh, Henry C. Lawlor descubrió que la piedra horadada fue causa de una agria disputa de índole religiosa que motivó la separación de las diócesis de Down y Connor. Curiosamente, uno de los obispos implicados habría sido Malachy O'Morgair, más tarde canonizado (san Malaquías de Armagh), quien en 1.137 se lamentaba profundamente del arraigo de las costumbre paganas entre los habitantes de Connor. «Se me envío a tratar con hombres, no con bestias», se supone que dijo el autor de la célebre Profecía de los papas al referirse a los campesinos de la localidad.

Sin embargo, Lawlor no pudo descender mucho más en el tiempo a propósito de la peculiar costumbre instaurada en Doagh, ni tampoco determinar el origen de la piedra misma. No obstante, en su artículo publicado en The Irish Naturalists' Journal, Lawlor recogía un interesante fragmento del diario de un viajero que, tras visitar el condado de Antrim en 1.808, distinguió la piedra horadada de Doagh como «una marca territorial de los antiguos jefes tribales irlandeses», que era tanto como decir que aquella humilde roca tenía que ver con los casi legendarios Reyes de Irlanda.

El Anillo de Brodgar, círculo megalítico de las Islas Orcadas.

En realidad, como veremos un poco más adelante, en Antrim todo tiene que ver con casi todo. De la misma y sorprendente manera que la tradición de los esposos conservada en Doagh, tiene parangón en otra de las piedras horadadas que he citado anteriormente, la conocida como Piedra de Odín, cuya sola mención resulta harto sugerente. Llamándose así, cualquiera de nosotros situaría dicha cota en algún país nórdico. Pero erraríamos el tiro, aunque por muy poco. En cierto sentido, aunque la roca estuvo ubicada en las Islas Orcadas —y utilizo el pasado porque la Piedra de Odín original acabó hecha añicos—, es sabido que el remoto pasado de este mágico archipiélago, ubicado al norte de Escocia, posee conexiones muy evidentes con la historia y mitología escandinavas.

Precisamente, suele achacarse a los pueblos nórdicos que invadieron las Orcadas el respeto, el miedo incluso, que los antiguos habitantes de estas islas sentían por los abundantes vestigios prehistóricos que las salpican. Lo mismo ocurría con la Piedra de Odín, que permaneció vigilante junto al círculo megalítico de Stenness, en la isla principal de las Orcadas (Mainland), hasta que, en diciembre de 1.814, el capitán W. Mackay, un terrateniente llegado de Escocia, decidió que aquel monolito situado en mitad de su recién adquirida propiedad era un estorbo y, literalmente, lo hizo pedazos.

Mas el capitán Mackay no midió bien las consecuencias de abatir la "Piedra de los esposos", pues además de liquidar 5.000 años de historia, se ganó la animadversión de los orcadianos, especialmente celosos a la hora de proteger el legado de sus tan remotos como enigmáticos ancestros. No había mejor mecha que la sangre vikinga y picta que corría por las venas de los aguerridos lugareños, porque, ni cortos ni perezosos, decidieron prender fuego a la propiedad de Mackay... con él dentro, desde luego.

No obstante, el terrateniente escocés, un exmilitar receloso y al parecer vengativo, no sólo escapó ileso del atentado, sino que amplió sus ansias destructivas contra el resto de megalitos del círculo de Stenness. Aunque intervinieron muy tarde, las autori-

Este círculo megalítico de las Orcadas ya era objeto de adoración de los pictos, la misteriosa tribu de los "hombres azules".

dades de las Orcadas impidieron que Mackay arruinase por completo el invaluable tesoro megalítico de estas islas. Sin embargo, nada pudieron hacer para salvar la integridad de la Piedra de Odín, verdadero detonante de la batalla entre los orcadianos y el terrateniente foráneo. Pero, ¿por qué tenía Mackay tanto interés en derribar aquel monolito inerte? La respuesta la he insinuado anteriormente.

Al poco de que el capitán escocés tomara posesión de sus tierras, se encontró con que numerosos campesinos las atravesaban sin darle explicaciones. El destino de los lugareños era el círculo megalítico de Stenness y, más frecuentemente, la celebérrima Piedra de Odín, inerte protagonista de una costumbre local fuertemente arraigada. De hecho, se trataba de la misma tradición que provocó las iras de san Malaquías a propósito de sus muy paganos feligreses de Doagh. Ya lo habrán adivinado: los jóvenes enamorados de esta isla de las Orcadas se prometían fidelidad enlazando sus manos a través del orificio de la Piedra de Odín. Pero, ¿es casualidad que Doagh y Mainland, separadas por el mar y casi 800 kilómetros, cuenten con sendas piedras horadadas? ¿Lo es también que los habitantes de ambos enclaves honren una misma tradición cuyo origen ni ellos ni nadie conoce, pues ninguna fuente escrita dejó constancia de la misma?

Si hoy en día nos urgiera llegar a Stenness desde Doagh, lo más razonable sería volar desde Belfast hasta Kirkwall, la capital de las Orcadas, trayecto en el que emplearíamos poco más de tres horas. O si se trata de disfrutar de estas tierras fascinantes y optáramos por alquilar un automóvil, tardaríamos alrededor de trece horas incluyendo dos transbordos en ferry. Claro que nosotros estamos en el siglo XXI y quienes erigieron las piedras horadadas a las que estoy refiriéndome lo hicieron, como poco, hace cinco milenios, en una época supuestamente oscura en la cual las migraciones humanas eran lentas, penosas y generalmente forzadas. Sin embargo, debió existir una conexión, un nexo, entre estas islas al norte de Escocia y los prados irlandeses de Antrim. La cuestión, claro, reside en averiguar quiénes la protagonizaron y en qué época se produjo; cosa nada fácil, pues la prehistoria de las Islas Británicas tiende a ser intrincada y confusa como pocas.

DE ORCOS Y CÍCLOPES

A propósito de las Orcadas, el problema empieza con la etimología misma de su nombre. Orkney, en inglés, y Arcaibh en gaélico escocés, son los topónimos más comunes para designar estas is-

El Castillo de Belfast y sus jardines (Irlanda del Norte).

Calle de Kirkwall, la ciudad más poblada y capital de las Islas Orcadas.

las. En cuanto a la primera y más frecuente denominación, se dice que Orkney es una corrupción de Orkneyjar, que en nórdico antiguo vendría a significar Islas de las focas. No obstante, en los escritos clásicos en gaélico, los historiados irlandeses la conocían como Insi Orc, cuya traducción literal sería Isla de los Orcos. Un momento, ¿orcos? ¿Se refiere a las criaturas mitológicas que popularizó Tolkien? La versión oficial cuenta que con el nombre de orcs (orcos) se designaba a los jabatos o jabalíes jóvenes, animales totemizados por los pictos, la tribu de los "hombres azules" que habitó las Orcadas hasta la invasión de los pueblos nórdicos. Quizá por ello, algunos cronistas se referían a los propios pictos con el nombre de "orcos", denominación igualmente sugestiva aunque dicho término signifique, simplemente, jabalí. ¿Acaso no se designaban los druidas a sí mismos como jabalíes, siempre solitarios y ocultos en los bosques?

En símbolos fundamentales de la ciencia sagrada, el gran esoterista francés René Guénon nos recuerda que, en sánscrito, jabalí se escribe *varâha*, palabra cuya raíz "*var*" anticipa algo "oculto" o "protegido". Como quiera que en los países nórdicos el sufijo análogo es "bor", Guénon viene a identificar la "tierra del jabalí" con

Odiseo en la cueva de Polifemo (1-635).

Orco era el nombre de un demonio, a menudo representado con un solo ojo, como el cíclope Polifemo de la *Odisea*.

la Hiperbórea, región que, según la mitología griega, se ubicaba en un lugar ignoto pero siempre hacia el norte. ¿Acaso la mítica –o no tanto– Hiperbórea y las Orcadas fueron la misma cosa? No quiero adelantar acontecimientos...

Los autores latinos Diodoro Sículo, Plinio el Viejo y el geógrafo Claudio Ptolomeo citaron este archipiélago utilizando, con alguna pequeña variante, el término Orcadas, aunque sin precisar el significado de dicho vocablo o del prefijo "orc". Llama la atención, no obstante, que en la mitología clásica Orco fuera el nombre de un demonio o guardián del inframundo y que existan pinturas que lo representen como un gigante barbudo, casi enteramente cubierto de pelo y, a menudo, con un solo ojo, como el cíclope Polifemo de la *Odisea*.

Precisamente, se dice que J. R. R. Tolkien, célebre escritor y experto filólogo, se habría inspirado en el gigante descrito por Homero para recrear a los terroríficos orcos de su popular novela *El Señor de los Anillos*. Aunque algún estudioso de la obra de Tolkien también ha especulado con que el autor de *El Hobbit* bebiera en fuentes más cercanas, geográficamente hablando. No en vano, los orcos y otras criaturas abominables aparecen con frecuencia en la mitología celta y en las leyendas británicas.

Finalmente, tampoco faltan quienes sugieren que Tolkien pudo haber tenido una mala experiencia en una supuesta visita a las Orcadas, señalando el sitio como tortuoso escenario de sus novelas. En cualquier caso, las obsesiones lingüísticas y literarias del escritor británico apuntarían a otra fuente de inspiración, si cabe más sugerente: Piteas de Marsella.

VIAJES DE PITEAS

Nacido en la antigua colonia griega de Massalia, la actual Marsella, en el siglo IV a. C., Piteas fue uno de los primeros navegantes griegos en doblar el estrecho de Gibraltar y a él le debemos el que se supone primer testimonio escrito sobre las Islas Orcadas, citadas como una de las etapas de un extraordinario periplo que le condujo

Estatua de Piteas hecha por Auguste Ottin (1.811 - 1.890) en la fachada del Palacio de la Bolsa de Marsella (Francia).

a Hispania, la Galia, Britania, las Islas Shetland y, aún más lejos, hasta la frontera de una tierra que llamó Thule, misterioso enclave próximo al círculo polar ártico que algunos autores han identificado con la región Hiperbórea de la mitología griega, una especie de "Atlántida" del Norte que J. R. R. Tolkien rebautizó como Númemor en el legendarium de su ficticia Tierra Media.

Piteas describió aquel asombroso viaje en *Sobre el océano*, manuscrito que ardió en el último y definitivo incendio de la Biblioteca de Alejandría. No obstante, los detalles de su epopeya ya eran sobradamente conocidos —y afortunadamente comentados y anotados— antes de aquel terrible suceso. De hecho, Piteas fue uno de los personajes más célebres y polémicos de su tiempo, pues muy pocos de sus coetáneos creían en la verosimilitud de sus hazañas. ¿Cómo era posible navegar hasta donde afirmaba haberlo hecho con un pequeño barco de remos y una sola vela?, le cuestionaban sus críticos. La incredulidad era perfectamente lógica, más aún si tenemos en cuenta que Piteas aderezó el relato de aquel trayecto con la descripción de enclaves, gentes y criaturas que parecían ilusorios; amén de que, en la Antigüedad clásica, la existencia misma de territorios como Britania había sido puesta en duda por un buen puñado de geógrafos.

Afortunadamente, los detalles del viaje de Piteas han trascendido hasta nuestros días, habiéndose confirmado desde hace siglos que los lugares que visitó no eran ni mucho menos imaginarios. Pero, ¿qué hay de Thule? ¿Existía aquella tierra iluminada por «un fuego inextinguible», en palabras del propio Piteas? Y, de existir, ¿se trataba de la Thule asimilada en la mitología griega como capital de la Hiperbórea, aquella enigmática región habitada por seres inmortales? Que Piteas de Marsella eligiera precisamente el topónimo Thule no parece fruto de la casualidad.

Lejos de ser un simple aventurero ávido de fama y riquezas, el navegante de Massalia poseía notables conocimientos científicos. Sólo así se entiende que acertara a calcular la latitud de su ciudad natal, Marsella, con un mínimo de error (43,3 N en vez de 43,17 N); a determinar la posición concreta del polo norte celeste, que por efecto de la precesión de los equinoccios no coincide exactamente con la Estrella Polar; a observar fenómenos hasta entonces inéditos,

Abraham Ortelius y otros cartógrafos ubicaron la Hiperbórea en una región que, aparentemente, coincidía con el área polar.

como el sol de medianoche y la aurora boreal; y a relacionar las fases de la luna con las mareas. Además, durante siglos, los únicos detalles concernientes a las Islas Británicas y al Mar del Norte se extrajeron de los datos que aportó en su citada obra *Sobre el océano*. Tanto es así que hasta el nombre Islas Británicas deriva del griego *Pretanniká Nesiá*, término acuñado por el propio Piteas tras advertir que los antiguos britanos se referían a su patria como *Ynys Prydein*, una expresión que en gaélico arcaico vendría a significar "Islas de los Tatuados o Pintados", y podría aludir específicamente a los pictos, una confederación de tribus que habitaban Escocia y que, precisamente, tenían por costumbre tatuarse y teñirse el cuerpo para infundir temor a sus enemigos.

Como científico educado en la tradición helenística, parece probable que Piteas conociera la mitología de la antigua Grecia, incluidas las referencias a la región Hiperbórea y a su capital, Thule. Teniendo en cuenta su rigor como geógrafo y su precisión al reflejar los nombres de los lugares que visitó durante su travesía, ¿por qué habría de deslizar un error a propósito del nombre de aquella remota isla? No obstante, Piteas nunca atravesó el umbral que le separaba de Thule, pues en su camino halló un lugar donde «la tierra propiamente dicha no existe, ni el mar ni el aire, sino una mezcla de estos elementos parecida a la medusa», que así de misteriosa e impenetrable debió parecerle aquella barrera, según su propio testimonio recogido por Estrabón.

Al contrario que otros menhires cristianizados con cruces, esta piedra muestra los extraños símbolos labrados por los sacerdotes pictos.

No existe acuerdo entre los estudiosos acerca de qué pudo detener a Piteas, como tampoco lo hay a la hora de renombrar Thule. Sí, "renombrar", porque si el resto de los topónimos proporcionados por el geógrafo griego no parecen molestar a nadie, con Thule no ocurre lo mismo. Britania es Britania; las Orcadas deben ser las Orcadas; pero Thule tiene que ser las Islas Shetland, las Feroe, Noruega e incluso Islandia, aunque nunca –simplemente– Thule; no me pregunten por qué. Afortunadamente, disponemos de numerosas fuentes clásicas que asumían con cierta naturalidad la existencia real de este enclave supuestamente mítico, fuentes que, en su gran mayoría, lo ubicaban más allá de la "barrera de medusas" que detuvo el viaje de Piteas, describiéndolo como una especie de Arcadia feliz donde reinaba la justicia, la igualdad y la paz social.

Así, Diodoro de Sicilia, precisamente uno de los sabios de la antigüedad que transmitieron el legado de Piteas, la describía en el siglo I como una isla «situada en la vertiente norte del océano exterior y habitada por los hiperbóreos, que son llamados así porque su casa está más lejos del lugar donde azota Bóreas (el viento del norte, para los griegos)». En realidad, Diodoro, al igual que hizo con los trabajos de Piteas, se limitó a transcribir los argumentos de Hecateo de Abdera, quien vivió en el siglo III a. C. y escribió un manuscrito titulado, precisamente, *Sobre los hiperbóreos*, texto en el que ubicaba la Hiperbórea en una isla frente a la Céltica.

Aunque el de Sicilia reproduce apenas cuatro párrafos de la obra de Hecateo, de los mismos se infiere que la Hiperbórea nórdica se identificaba con la isla sagrada de Alba (por *leuké*, "blanca" o "resplandeciente" en griego), sede terrenal del dios Apolo. Llamativamente, los celtas, que incluyeron la Hiperbórea y a sus habitantes en alguno de sus mitos creacionales, utilizaron el vocablo gaélico Alba para referirse a una de las naciones históricas de las Islas Británicas, Escocia, usando concretamente la expresión *Rioghachd na h-Alba* (Reino de Alba). Pero, ¿por qué precisamente Alba?

> «Diodoro de Sicilia [...] la describía en el siglo I como una isla "situada en la vertiente norte del océano exterior y habitada por los hiperbóreos, que son llamados así porque su casa está más lejos del lugar donde azota Bóreas (el viento del norte, para los griegos)".»

En realidad, nadie parece saber con certeza cuál es el significado exacto del término, si bien su inclusión en la toponimia británica tendría que ver con la expresa voluntad para imponerlo de los últimos reyes pictos. De igual modo, tampoco está claro si el poético

Albión —por el que todavía son conocidas las Islas Británicas— fue anterior al término Alba o, por el contrario, deriva de éste. Sea como fuere, el probable origen común de los pueblos que habitaron estas tierras en el pasado hace que existan singulares coincidencias en sus mitos fundacionales.

PIEDRAS DEL DESTINO

> La Hiperbórea nórdica se identificaba con la isla sagrada de Alba por leuké (blanca o resplandeciente en griego), sede terrenal del dios Apolo. Llamativamente, los celtas usaron el vocablo gaélico Alba para referirse a Escocia.

Además de la evidente similitud entre los abundantes megalitos dispersos por las Islas Británicas, ingleses, escoceses e irlandeses han mantenido una enconada pugna por reivindicar la exclusividad de ciertas piedras vinculadas con el supuesto origen legendario de sus respectivas casas reales. El ejemplo de la conocida como Piedra del Destino (*Lia Fáil* en gaélico), uno de los símbolos más importantes de los linajes monárquicos de ambas naciones, constituye la prueba más palpable.

Para empezar, no hay una sola Piedra del Destino, sino dos: la Piedra de Scone, un bloque cuadrangular de piedra arenisca que se utilizaba en las ceremonias de investidura de los reyes de Escocia; y la Piedra de Tara, un menhir situado en la célebre colina homónima y que, al igual que la anterior, formaba parte de los rituales de coronación de los monarcas irlandeses. Pese a la enorme relevancia de ambos símbolos, existen muy pocas certezas históricas acerca de su procedencia, en contraste con las fabulosas leyendas que los envuelven.

En el caso de la Piedra de Scone, sabemos que permaneció custodiada durante la Edad Media en la Abadía de Scone, al norte de Perth, aunque con anterioridad a dicha ubicación se la situaba en algún lugar del condado irlandés de Antrim (sí, el mismo donde se yergue la Piedra de Doagh o de los Esposos). Objeto de discordia entre Escocia e Inglaterra, la Piedra de Scone posee una fascinante mitología oficial avalada por ambas casas reales. Según dicha tradición, se trataría de la misma piedra que utilizara el patriarca Jacob para apoyar su cabeza, durante el celebre episodio bíblico conocido como La escalera de Jacob. Recordemos el pasaje del Génesis: «Jacob salió de Berseba y fue a Jarán. Llegado a cierto lugar, se dispuso a hacer noche allí, porque ya se había puesto el sol. Tomó una de las piedras del lugar, se la puso por cabezal y se acostó en aquel lugar. Y tuvo un sueño; soñó con una escalera apoyada en tierra, y cuya cima tocaba los cielos, y he aquí que los ángeles de Dios subían y bajaban por ella. [...] Se levantó Jacob de madrugada, y tomando la piedra que se había puesto de cabezal, la erigió como pedestal y derramó aceite sobre ella. Y llamó a aquel lugar Betel, aunque el nombre primitivo de la ciudad era Luz» (Génesis, 28, 10-11, 18, 19). Obviamente, ahora entenderán por qué la Piedra de Scone ha sido fuente de tantas disputas entre Escocia e Inglaterra, y por qué se la conoce también por el sobrenombre de Almohada de Jacob. Pero, ¿cómo acabó este sitial en tierras escocesas?

> «[...] no hay una sola Piedra del Destino, sino dos: la Piedra de Scone, un bloque cuadrangular de piedra arenisca que se utilizaba en las ceremonias de investidura de los reyes de Escocia; y la Piedra de Tara, un menhir situado en la célebre colina homónima.»

Teniendo en cuenta que Jacob vivió supuestamente en Palestina hacia 1.700 a. C., estarán conmigo en que el periplo de su pétreo cabezal fue digno de la más fabulosa de las epopeyas. No obstan-

La Lia Fáil (también conocida como Piedra del Destino o Piedra de Tara) en la colina de Tara.

te, hay quien se ha tomado la molestia de establecer las etapas de aquel prodigioso viaje. Así, según la tradición, la Piedra de Jacob se dispuso como pedestal en un arco del Templo de Jerusalén, hasta la invasión de Nabucodonosor, rey de Babilonia. Más tarde, se cuenta que el objeto fue recuperado por el profeta Jeremías, quien en compañía de dos hijas del rey David lo trasladó a Egipto. De algún modo, el sitial llegó a España, donde permaneció un corto espacio de tiempo, hasta, finalmente, terminar su trayecto en Albión, las Islas Británicas.

Sin embargo, hay una versión alternativa de esta historia que otorga mayor protagonismo al propio Jacob. Así, el patriarca habría llevado personalmente la piedra a Egipto, país en el que permaneció hasta los tiempos de Moisés. Después, ésta fue entregada a Gatelo, hijo de Cécrope, primer rey de Atenas, que la condujo hasta el Mar Negro, desde allí hasta el Báltico y, navegando hacia el sur, desembarcó en las costas británicas. Hasta aquí, muy resumida, la leyenda improbable pero oficial de la Piedra de Scone, argumento que, en ocasiones, parece coincidir —o incluso confundirse— con el de la no menos fascinante Lia Fáil de Tara, la "otra" Piedra del Destino junto a la que se coronaron los antiguos reyes irlandeses.

Colocada bajo el trono de los reyes de Escocia e Inglaterra, la tradición identifica la piedra de Scone con la almohada del Jacob bíblico.

Al contrario que la Piedra de Scone, cuya procedencia la conectaría con las tres grandes religiones monoteístas, la Piedra de Tara posee una historia netamente pagana, alimentada por las pródigas fuentes de

El sueño de Jacob (1·639).

El sitial sobre el que se apoyó el patriarca Jacob en su célebre sueño habría llegado a las Islas Británicas tras un asombroso periplo.

la mitología celta. Situada en la cima de la célebre Colina de Tara, en el condado irlandés de Meath, la Piedra del Destino es un tosco menhir sin nada que delate el carácter mágico que se le atribuye. No obstante, la tradición celta la señala como uno de los emblemas de los Tuatha Dé Danann, unos misteriosos personajes, mitad hombres mitad dioses, que habitaron estas tierras mucho antes de la llegada de los propios celtas, tras arrebatárselas a sus primitivos moradores, una estirpe de cíclopes gigantescos.

Asimismo, se indica que la piedra no siempre estuvo en su ubicación actual, sino que fue traída por los Tuatha desde el lugar donde vivían, unas islas situadas al noroeste de Britania que algunos autores identifican con las Orcadas, en tanto que otros lo hacen con la fabulosa Hiperbórea de la mitología griega... si es que ambas no fueron el mismo lugar.

> «Situada en la cima de la célebre Colina de Tara, en el condado irlandés de Meath, la Piedra del Destino es un tosco menhir sin nada que delate el carácter mágico que se le atribuye.»

Al igual que los seres que la labraron, Lia Fáil poseería cualidades extraordinarias, paranormales incluso. De hecho, la tradición cuenta que la piedra emitía un gruñido de satisfacción cuando el legítimo rey de Irlanda se apoyaba en ella y, también, que tenía la capacidad de detener el tiempo en la persona del monarca, logrando que su mandato durara ostensiblemente más que la vida natural de sus súbditos.

La Piedra del Destino no es la única reliquia sagrada de Tara, centro político y espiritual de Irlanda. La tradición gaélica sostiene que los Tuatha Dé Danann trajeron a esta colina otros tres talismanes igualmente misteriosos, materializados en la Espada de Nuada, el Caldero de Dagda y la Lanza de Lug, objetos de poder que convirtieron a este enclave en una especie de Meca para arqueólogos y aventureros. Es más, por si fueran pocos los tesoros vinculados con este lugar, una tradición sostiene que bajo la Colina de Tara estuvo escondida el Arca de la Alianza, leyenda "avalada" por ciertos grupos judíos que defienden que las Islas Británicas fueron uno de los destinos de las diez tribus perdidas de Israel.

De hecho, en 1.899, miembros de la Anglo Israel Association acudieron a Tara en busca de la célebre reliquia judeocristiana. Por desgracia para ellos, no eligieron el mejor momento para hacerlo, pues su visita coincidió con la época de mayor apogeo del famo-

so Celtic Revival, un periodo de renacimiento cultural irlandés con marcado carácter tradicional y nacionalista. Obvia decir que la presencia en Tara de aquel grupo de judíos anglófilos no sentó nada bien entre los habitantes de Meath, que les forzaron a detener las excavaciones y a abandonar un proyecto tan ambicioso como ciertamente polémico.

¿Está enterrada el Arca de la Alianza bajo la colina de Tara? Es probable que nunca lo sepamos. De hecho, la mayoría de arqueólogos e historiadores dudan de la materialidad de ese objeto, en tanto que quienes sí lo consideran "palpable" siempre lo han buscado muy lejos de Irlanda, siguiendo intrincadas pistas que les han conducido a Tierra Santa, Egipto o Etiopía, en todo caso a paisajes más reconocibles y aparentemente coherentes con los relatos bíblicos.

Otra cosa bien distinta es rastrear el origen de los excepcionales megalitos de las Islas Británicas, porque nadie duda de la existencia de algo que puede ver y tocar, por mucho que las tradiciones que nos hablan de quienes presuntamente los erigieron resulten improbables desde el punto de vista de la arqueología. Averiguar si las asombrosas leyendas que explican los porqués de estas piedras tienen un poso de verdad, sería tan arduo y probablemente inútil como acercarnos cargados de prejuicios al terreno de los dogmas de fe.

Sin embargo, al igual que sucede con ciertos pasajes bíblicos, resulta asombroso comprobar la fuerza de la mayoría de estas tradiciones, que

> «[...] una tradición sostiene que bajo la Colina de Tara estuvo escondida el Arca de la Alianza.»

han sobrevivido contra todo pronóstico gracias a la transmisión oral y a la determinación de las personas que continúan defendiendo su veracidad. No deben ser tan débiles las evidencias sobre las que probablemente se construyeron todas estas leyendas, cuando han vencido al paso del tiempo y a los constantes intentos de desacreditarlas.

El Arca pasando sobre el río Jordán (1:896 - 1:902)

Una de las muchas teorías sobre el paradero del Arca de la Alianza especula con que fue trasladada a Escocia por la Orden de los Caballeros Templarios.

Es probable que, hoy mismo, las parejas que continúan visitando la piedra horadada de Doagh ni siquiera se cuestionen quién erigió este megalito y por qué le practicó tan peculiar mirilla. Asimismo, los habitantes de las Islas Orcadas que acuden en ciertas épocas del año a meditar frente a los doce megalitos de Stenness, seguirán venerándolos como lo que probablemente fueron: guardianes de una tradición ancestral que perdura desde la noche de los tiempos. O eso les dicta su intuición, tan sólida como su voluntad para defender sus piedras frente a terratenientes insensibles.

Llamativamente, esta consideración de pétreos soldados para los megalitos de las Orcadas no es exclusiva de las brumosas tierras británicas. A miles de kilómetros al este de allí, en la misteriosa Armenia, una vasta explanada contiene uno de los yacimientos megalíticos más extraños y antiguos del mundo. Curiosamente, su nombre es Zorats Karer, que en armenio significa, literalmente, Ejército de Piedra. Pero hay más. Algunos de estos "soldados" poseen una mirilla idéntica a las de las piedras de Doagh y Odín. De hecho, los megalitos de las Islas Británicas son tan parecidos a los armenios que parecen fabricados por un solo constructor (lo veremos en el capítulo III). O eso o los misteriosos artífices de unos y otros disponían del mismo "manual de instrucciones" (siguieron la misma tradición).

> «A miles de kilómetros al este de allí, en la misteriosa Armenia, una vasta explanada contiene uno de los yacimientos megalíticos más extraños y antiguos del mundo.»

Varios de los monolitos de Zorats Karer, en Armenia, poseen una mirilla en su parte superior. Exactamente igual a lo que sucede en las lejanas Islas Británicas.

capítulo II

LA HEREJÍA BABILÓNICA Y EL ARCA DEL NOÉ SUMERIO

«Oh, hermana mía, Inanna, por Uruk haz que los habitantes de Aratta modelen con destreza el oro y la plata, que traigan su noble lapislázuli extraído de la roca [...]. Pero que Aratta se someta a Uruk, que los habitantes de Aratta, habiendo descendido de sus altas tierras las piedras de las montañas, construyan para mí la gran Capilla, erijan para mí el gran Santuario».

Fragmento de *Enmerkar y el Señor de Aratta*, relato épico sumerio.

Reconstrucción del Arca de Noé; © photostockam (págs 52-53)
Estatua de Nemrod; © Francisco González (pág 57)
Tablillas sumerias con escritura cuneiforme; © Francisco González (pág 63)
Entrada al Museo Británico; Ham (pág 67)
Vista invernal de Ereván con el Monte Ararat al fondo; © Serouj Ourishian (págs 72-73)
El Diluvio; Gustave Doré (pág 75)

En la frontera imaginaria entre Europa y Asia, Armenia es una de las naciones tradicionalmente citadas como cuna de la civilización. Ubicada en la Transcaucasia, entre los mares Negro y Caspio, la República de Armenia limita al norte con Georgia, al este con Azerbaiyán, al sur con Irán, al oeste con Turquía y al suroeste con la región autónoma de Najicheván. Con este vecindario, de poco les sirvieron a los armenios sus deseos de integrarse en la tradición cultural y la modernidad europeas; como tampoco les resultó sencillo reivindicar sus legendarios orígenes y las cotas naturales que delimitaban su geografía mítica, histórica y política. Entre otras cosas, porque los lugares asociados a estos últimos eventos ya no están en el interior de sus fronteras, por más que muchos armenios los vean en el horizonte al despuntar el alba de cualquier día.

Una solitaria iglesia nos recuerda el pasado armenio del lago Van, hoy en territorio turco.

Mesopotamia fue más que probablemente la cuna de la civilización, de ahí que sus símbolos y relatos fundacionales tengan un evidente paralelismo con los de importantes culturas que llegaron después.

Esos enclaves se sitúan alrededor del lago Van, el monte Ararat —ambos situados en Turquía— y la mencionada Najichevány y, en todos los casos, sus actuales propietarios no son precisamente unos vecinos afables. Una verdadera desgracia para este sufrido pueblo. Y es que tanto la montaña Ararat —*Masis*, en armenio— como Najichevány —"el lugar de la primera descendencia", también en armenio— nos retrotraen al suceso fundacional de la nación armenia: la arribada de Noé al citado monte a bordo de su legendaria arca. Es precisamente por esto que los armenios se consideran a sí mismos legítimos descendientes del patriarca bíblico y, por ende, protagonistas directos del nacimiento de nuestra civilización.

Desde fuera —sobre todo si el observador es turco—, las aspiraciones del pueblo armenio pueden resultar arrogantes, pues Turquía puede presumir igualmente de orígenes legendarios e impronta civilizadora. No obstante, hallazgos arqueológicos muy recientes parecen sustentar con hechos las reivindicaciones de los armenios, generalmente denostadas debido a su envoltorio ultranacionalista. Ahora sabemos que Armenia estuvo poblada desde tiempos muy pretéritos, y que sus habitantes, lejos de ser cavernícolas sin recursos, dominaron la astronomía, al menos desde el año 6.000 a. C. y la metalurgia a partir del 4.000 a. C.

Los antepasados del pueblo armenio probablemente compitieron en grandeza con la civilización sumeria o, al menos, eso se infiere de varias leyendas originarias de Uruk. Eso sí, hemos de asumir que la actual Armenia era el poderoso país de Aratta mencionado en las fuentes sumerias, un país que mantuvo estrechos lazos comerciales con Uruk y otros estados mesopotámicos, aunque también graves conflictos de intereses como los que se infieren del poema épico sumerio Enmerkar y el Señor de Aratta, citado al comienzo de este capítulo.

> «Aratta ha sido frecuentemente ubicado en las mismas coordenadas geográficas que Urartu, reino cuyo apogeo se produjo entre los siglos IX y VIII a. C. y que, ahora sí, nadie duda en situar en la actual Armenia»

En este y en otros relatos sumerios, Aratta aparece descrito como un país rico en plata y oro, famoso por sus orfebres y por la artesanía en piedras preciosas y semipreciosas, particularmente la obsidiana y el lapislázuli; también se cuenta que era un reino en extremo montañoso y ubicado al norte, junto al nacimiento de varios ríos, características todas ellas que apuntan a Armenia. Asimismo, Aratta ha sido frecuentemente ubicado en las mismas coordenadas geográficas que Urartu, reino cuyo apogeo se produjo entre los siglos IX y VIII a. C. y que, ahora sí, nadie duda en situar en la actual Armenia. Pero, ¿y si el Aratta sumerio devino en el nombre del legendario monte Ararat?

Curiosamente, Enmerkar, segundo monarca de la primera dinastía de Uruk (2.700 a. C. a 2.550 a. C.) y protagonista del relato épico, es a menudo identificado con el conocido personaje bíblico Nemrod, de quien se dice «fue el primero que llegó a ser poderoso en la Tierra»; también, que destacó negativamente como «valeroso cazador en oposición a Yahveh» y, aunque la Biblia no lo diga expresamente, habría sido el constructor de la Torre de Babel. Pero, sobre todo, Nemrod era bisnieto de Noé o, para ser más exactos, del *alter ego* sumerio de Noé, Siuzudra, probablemente el primer y más legítimo "Noé" de la historia de la humanidad.

LA BIBLIA Y BABEL

Asociada con lo maléfico por la tradición judeocristiana, la torre de Babel más bien parece un símbolo de la integración y la multiplicidad de culturas.

Para reputados asiriólogos y estudiosos de las antiguas civilizaciones de Mesopotamia, existen pocas dudas acerca de que el relato original del Diluvio —así como otros relevantes episodios descritos en la Biblia— se redactó en Sumeria hace alrededor de 4.000 años, esto es, unos 1.500 años antes de que fuera redactada la versión judeocristiana del mito. Así lo recordaba recientemente el filólogo y asiriólogo británico Irving Finkel, autor de *The ark before Noah: decoding the story of the Flood* (*El arca antes de Noé: decodificando la historia del Diluvio*), libro publicado en enero de 2.014. Finkel, conservador del Museo Británico y uno de los mayores expertos mundiales en escritura cuneiforme, ha tenido acceso a decenas de miles de tablillas provenientes de la antigua Mesopotamia, algunas de las cuales relatan episodios asombrosamente parecidos —cuando no idénticos— a determinados pasajes del Antiguo Testamento o, más exactamente, del Génesis.

En realidad, pese a que la publicación del libro de Finkel y la emisión de un documental en National Geographic a propósito de las hipótesis del asiriólogo, despertaron una encendida polémica en ciertos ambientes religiosos —curiosamente, también lo consiguió el estreno de la película Noé—, la noticia de que los escribas hebreos tomaron "prestados" relatos babilonios no es ni mucho menos nueva.

Otros eminentes asiriólogos como George Smith y Friedrich Delitzsch llegaron a la misma conclusión muchas décadas antes que Irving Finkel. En el caso del erudito alemán, todo comenzó con una aparentemente inocua lectura académica que Delitzsch impartió en 1.902, a propósito del contenido de ciertas tablillas que una expedición arqueológica había desenterrado en el yacimiento de Assur, colonia Babilonia y posteriormente capital asiria hasta 879 a. C. Titulada originalmente Bibel und Babel (La Biblia y Babel), el argumento central de la conferencia no fue otro que el de mostrar —y tratar de demostrar— los evidentes paralelismos existentes entre los textos épicos babilonios y los relatos del Antiguo Testamento, incluidos pasajes tan relevantes como la Creación y el Diluvio.

> «[...] el argumento central de la conferencia no fue otro que el de mostrar —y tratar de demostrar— los evidentes paralelismos existentes entre los textos épicos babilonios y los relatos del Antiguo Testamento, incluidos pasajes tan relevantes como la Creación y el Diluvio.»

Como cabía esperar, más teniendo en cuenta que el debate sobre la historicidad y la "revelación divina" de las Sagradas Escrituras estaba en pleno apogeo, Friedrich Delitzsch fue objeto de furibundos ataques provenientes de la ortodoxia teológica. Sin embargo, lejos de amedrentarse, el asiriólogo alemán, hijo del respetado teólogo luterano Franz Delitzsch, continuó ofreciendo sus lecturas allí donde le llamaban, insistiendo en sus tesis y contraatacando a los teólogos que pedían la suspensión de sus conferencias. Durante los años siguientes, Friedrich Delitzsch revisó y aumentó el contenido de La Biblia y Babel, publicando en la década de 1.920 un texto titulado *El gran engaño*, en el cual, no sin amargura, acusaba de inmorales a quienes habían tratado de desacreditarle desde los púlpitos.

Al contrario que su homólogo alemán, el asiriólogo británico George Smith encontró un ambiente más favorable cuando, tres décadas antes, exactamente en 1.872, hizo público el contenido de varias tablillas babilónicas halladas en las ruinas de la biblioteca del rey Assurbanipal, en Nínive, y datadas hacia el siglo VII antes de Cristo. En dichas tablillas, integradas en el conocido como *Poema de Gilgamesh*, se narraba cómo un tal Utnapishtim, tras ser advertido sobre una terrible inundación por su dios protector, Enki / Ea, recibía el encargo de construir un arca: «El barco habrá de ser cuadrado, de modo que su longitud sea igual a su anchura. [...] Reúne entonces y embarca en él ejemplares de toda criatura viviente [...]. Al séptimo día cesó el aguacero. El océano se calmó. No había vida humana alguna. La raza humana se había convertido en arcilla». Finalmente, según se cuenta en una de las tablillas recuperadas en Nínive, la nave de Utnapishtim encalló sobre el monte Nimush, tras lo cual el héroe Utnapishtim soltó una paloma y luego una golondrina, que volvieron al no hallar dónde posarse. Más tarde, decidió soltar un cuervo, que ya no regresó.

El contenido de las tablillas de arcilla recuperadas en Mesopotamia provocó una agria polémica en torno a la originalidad de los textos sagrados de las principales religiones monoteístas.

El arca de Noé estimuló la imaginación de artistas en épocas pasadas, que siguieron las pistas bíblicas para recrear su apariencia.

Lo que Smith ignoraba al publicar sus hallazgos sobre lo que él llamó "relato caldeo del Diluvio", es que una de aquellas tablillas no fue escrita en el siglo VII a. C., sino alrededor de mil años antes, en la misma época en que fue redactada la tablilla en poder de Irving Finkel. ¿Por qué esa enorme distancia en el tiempo entre unas y otras? La respuesta es bien sencilla: se trata de un relato supuestamente alegórico que surgió en Sumeria en torno a 2.400 a. C., habiéndose incorporado al *corpus* de creencias de las sucesivas civilizaciones que ocuparon Mesopotamia. Es decir, el relato pasó de sumerios a acadios y de estos a babilonios y asirios.

En opinión de Finkel y otros muchos expertos, es más que probable que los judíos desplazados a Mesopotamia tras la destrucción del Primer Templo de Jerusalén, suceso que dio lugar al exilio y cautiverio de los hebreos en Babilonia, conocieran de primera mano los hechos culturales de la sociedad que les había acogido. De hecho, Finkel subraya que las tablillas sobre el Diluvio y otras con contenido similar eran "material escolar"; esto es: su lectura y aprendizaje

> «Finkel subraya que las tablillas sobre el Diluvio y otras con contenido similar eran "material escolar".»

estaban al alcance de los hijos e hijas de los emigrados hebreos. De ahí que especule con que los escribas del Génesis se inspiraron en dichos textos a la hora de componer el primer libro del Antiguo Testamento y la Torá, lo cual, en opinión de Finkel —por cierto, judío— no va en demérito de los escribas hebreos, ni mucho menos en contra de la legitimidad o validez moral de los textos sagrados judeocristianos y musulmanes.

Probablemente quien mejor ha expuesto la conciliación entre los ámbitos científico y religioso en relación con este último punto ha sido el eminente asiriólogo Samuel Noah Kramer, también judío e hijo de represaliados en un progromo antisemita, quien escribe lo siguiente en su imprescindible libro *La historia empieza en Sumer*: «En realidad, las investigaciones arqueológicas efectuadas en los 'países de la Biblia', que ya han dado tantos resultados de primera importancia, proyectan una vivísima luz sobre la misma Biblia, sobre sus orígenes y sobre el ambiente en que nació. Sabemos actualmente que este libro, el clásico más grandioso de todos los tiempos, no ha surgido, como quien dice, de la nada, como una flor artificial emergiendo de un jarrón vacío. Esta obra tiene unas raíces que se extienden hasta un lejanísimo pasado y se esparcen por los países vecinos de aquel en donde hizo su aparición. Ello no disminuye en nada, desde luego, ni su valor ni su alcance, ni el genio de los escritores que la compusieron. Hay que admirar el milagro hebreo, ya que es un verdadero milagro ver cómo en la Biblia los viejos temas estáticos rompen el cuadro de sus esquemas convencionales para desarrollarse lozanamente en esta obra con un dinamismo y un vigor creador sin equivalentes en la historia del mundo».

Con su habitual sensatez, Kramer trató de alejar debates innecesarios sobre su obra, a sabiendas de que el contenido de la misma iba a acarrearle más de un disgusto. No en vano, en su exitoso libro publicado en 1.956, el asiriólogo norteamericano dedicaba jugosos capítulos a subrayar que los sumerios, hace casi cinco mil años y más de mil antes de que se redactara la Biblia, ofrecieron testimonio escrito del primer Job, el primer Moisés, el primer San Jorge, el primer esbozo del paraíso, la primera resurrección de una divinidad y, cómo no, el primer diluvio universal.

> Kramer dedicaba jugosos capítulos a subrayar que los sumerios, hace casi cinco mil años y más de mil antes de que se redactara la Biblia, ofrecieron testimonio escrito del primer Job, el primer Moisés, el primer San Jorge, el primer esbozo del paraíso, la primera resurrección de una divinidad y, cómo no, el primer diluvio universal.

Como observarán por lo anterior, las hipótesis de Irving Finkel no constituyen novedad alguna en el ámbito de lo que algunos calificaron como "herejía babilónica". Sin embargo, el brillante asiriólogo británico, profundo admirador de los trabajos de su homólogo y compatriota George Smith —a quien a menudo califica de "héroe"—, ha puesto su grano de arena a propósito de un elemento fundamental en el episodio del Diluvio: el arca de Noé... o de Utnapishtim o de Siuzudra o ¿qué tal de Xixutres?

Venerado como santo en la Iglesia apostólica armenia, Moisés de Corene (*Movses Khorenavs'i* en armenio) es considerado el padre de la historia de Armenia y, desde luego, sus escritos están en las antípodas de resultar heterodoxos. No obstante, en su obra más destacada e influyente a nivel historiográfico, *Historia*, escribe lo siguiente en relación con el suceso fundacional que originó el poblamiento de su propio país: «Y el más perfecto entre los filósofos, Olimpiodoro de nombre, dijo así: 'Les contaré esta narración llegada de tradición no escrita, que muchos entre los aldeanos cuentan hasta ahora. Hubo un libro acerca de Xixutres y sus hijos, que ahora no se encuentra en ninguna parte y en el cual, se dice, el orden de las cosas era el siguiente. Después de la navegación de Xixutres hacia Armenia y de que encontró tierra, uno de sus hijos llamado Sem partió, dice, hacia el noroeste para reconocer el país, y llegó a una pequeña planicie atravesada por un río, al pie de una montaña de base ancha por el lado de Asiria; se detuvo ante el río durante dos días lunares y por su nombre llamó Sim al monte, y luego volvió al sudeste, de donde había venido. Y el menor de sus hijos, de nombre Tarbán, con treinta hijos y quince hijas con sus maridos, se separó de su padre, se estableció en la ribera del mismo río y por su nombre el distrito se llamó Tarawn [Tarón] y el lugar donde habitaron Tsërawnk' [*Tsërônk*, "dispersión"], porque allí fue donde los hijos de Sem se habían comenzado a separar'». No creo necesario advertir sobre la evidente similitud fonética entre Xixutres y Siuzudra, por no referirme al extraordinario parecido entre la peripecia del Noé armenio y su homólogo sumerio.

UNA BARATIJA MUY VALIOSA

Todo comenzó hace ahora treinta años. Cierto día de 1.985, un ciudadano de nombre Douglas Simmonds se acercó hasta el Museo Británico con la intención de que alguien le asesorara sobre varias piezas arqueológicas que había heredado de su padre, Leonard Simmonds, un piloto de la Royal Air Force (RAF) que había servido en Oriente Medio durante la II Guerra Mundial. A Irving Finkel no le extrañó la petición de Simmonds, pues a menudo le visitaban personas cuyos padres o abuelos, tras regresar de la antigua Persia durante cualquiera de las dos conflagraciones mundiales –Irak se vio envuelto en ambas–, trajeron del frente baratijas y pequeñas piezas aparentemente antiguas, adquiridas en mercadillos, cafés y hasta en plena calle, pero cuyo valor real generalmente desconocían.

Considerado el padre de la historia de Armenia, Moisés de Corene, describe la peripecia de Xixutres, idéntica a la de los "Noés" sumerio y bíblico.

Lejos de importunarle, la intrusión de Simmonds proporcionó a Finkel la oportunidad de echar un vistazo a aquel nuevo e inopinado "botín de guerra", aunque su contenido estuviera apilado en el fondo de una escasamente prometedora bolsa de plástico. En cuanto Simmonds entreabrió la bolsa, el ojo entrenado del profesor Finkel detectó algo inusual. Se trataba de una característica tablilla de arcilla, algo mayor y más gruesa que un teléfono móvil, y su superficie estaba enteramente cubierta por la típica escritura cuneiforme de la antigua Mesopotamia. A finkel se le agudizaron los sentidos, sobre todo porque, al observarla más de cerca, advirtió que en el fragmento de barro se aludía a una gran inundación y a las medidas de un barco.

Museo Británico (Londres, Reino Unido)

Muchas de las tablillas de arcilla provenientes de Mesopotamia contienen valiosa información relativa a la historia de la humanidad.

Con la emoción apenas contenida, Finkel explicó a Simmonds que la tablilla tenía un gran valor histórico, rogándole que la cediera al museo para que allí la estudiaran más detenidamente con los medios adecuados. Lamentablemente para Finkel, en los planes de Douglas Simmonds no estaba desprenderse de aquel objeto, aunque prometió al asiriólogo que le mantendría informado sobre el destino del mismo.

Capítulo II: La herejía babilónica y el arca del Noé sumerio

Simmonds abandonó el museo dejando a su interlocutor con la miel en los labios. No obstante, Irving Finkel, un hombre increíblemente paciente y testarudo, no pensaba arrojar la toalla. Pasados veinticuatro años de tira y afloja, el asiriólogo convenció a Simmonds de que la tablilla debía permanecer en el Museo Británico, junto a las alrededor de 130.000 perfectamente conservadas y catalogadas que guardan sus archivos. Corría el año 2.009, pero la espera había merecido la pena.

Tras cuatro décadas traduciendo infinidad de textos de la antigua Babilonia, a Finkel no le costó demasiado desentrañar el contenido de la tablilla. Además, conocía perfectamente el episodio inscrito en la arcilla. ¿Quién no ha leído u oído alguna vez el relato del Diluvio y el Arca? Sin embargo, en este caso concreto, la historia plasmada en la tablilla añadía más ingredientes al misterio de la terrible inundación que, según numerosas culturas y tradiciones provenientes de todo el mundo, habría cambiado para siempre la faz de la Tierra.

Por ejemplo, la datación de aquel fragmento de arcilla, parcialmente quemado pero perfectamente legible, lo remontaba nada menos que a entre 1.900 y 1.750 a. C., alrededor de 1.500 años antes de que fuese escrita la Biblia, una prueba más —como siempre han defendido Finkel y otros respetados asiriólogos— de que la redacción del Génesis coincidió con la estancia de los escribas judíos en Mesopotamia (siglo VI a. C.), donde estos, forzosamente, se habrían familiarizado con los registros babilonios.

Además, el protagonista del relato estudiado por Finkel no era el Siuzudra sumerio, sino la versión acadia del mismo personaje, de nombre

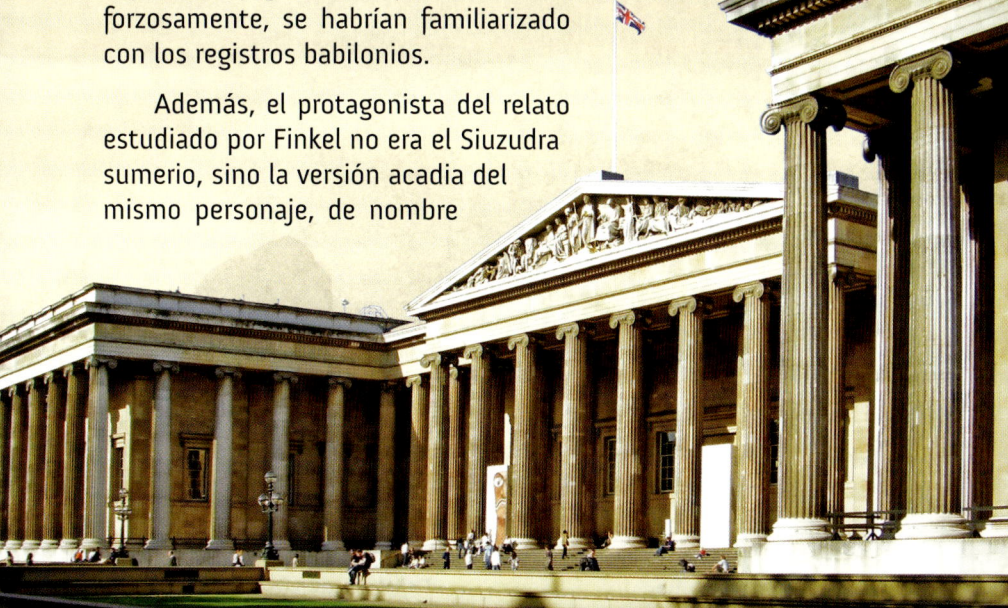

Atarhasis, más generalmente conocido como Utnapishtim gracias a la difusión del Poema o Epopeya de Gilgamesh, texto que continúa siendo la obra épica más antigua conocida.

Pero, probablemente, lo más llamativo era que en la tablilla se proporcionaban las medidas exactas del arca, se explicaba cómo y con qué materiales había que construirla y, por vez primera, se decía que la embarcación debía tener planta circular y no cuadrada como en otras adaptaciones del relato, pues existen hasta nueve tablillas babilónicas relativas a la gran inundación que arrasó la Tierra, con leves variantes argumentales en función del momento histórico en que fueron redactadas.

En cuanto a las características generales y dimensiones de la nave, el profesor Finkel explica que, según las instrucciones presentes en la tablilla, Atarhasis debía comenzar a construirla sin que la quilla se apoyara directamente sobre el suelo, utilizando materiales tales como madera, cuerdas, cañas, fibras de palma, 3.600 puntales y betún, este último para impermeabilizar el casco de la embarca-

Tablilla en escritura acadia con la narración en verso de las peripecias del rey Gilgamesh y el Diluvio, que constituye la obra épica más antigua conocida.

ción por dentro y por fuera. También se detalla que Atarhasis tenía que construir celdillas en el interior del arca para mantener aislados a los animales salvajes y que estos tenían que embarcar por parejas. Por otra parte, en relación con las dimensiones, la nave debía tener una superficie de 14.400 codos cuadrados, cifra llamativamente similar a la que se proporciona en la Biblia para el arca rectangular de Noé, es decir, 15.000 codos cuadrados (300 codos de largo, por 50 de ancho y 30 de alto), y más cercana aún a las 14.450 toneladas de arqueo o desplazamiento igualmente mencionadas en el libro del Génesis, cifras todas ellas que, en opinión de Finkel, sugieren la idea de que el arca del Noé bíblico resultó fuertemente inspirada por la embarcación original y mucho más antigua, al menos según las descripciones de las tablillas babilónicas.

> «[...] lo más llamativo era que en la tablilla se proporcionaban las medidas exactas del arca, se explicaba cómo y con qué materiales había que construirla y, por vez primera, se decía que la embarcación debía tener planta circular y no cuadrada como en otras adaptaciones del relato.»

En cuanto a la morfología del arca, al científico del Museo Británico no le extraña que ésta tuviera planta circular, habida cuenta que las embarcaciones más comunes que surcaban las aguas de los ríos Tigris y Éufrates tenían dicha forma. De hecho, aún en nuestros días es posible encontrar alguna de estas barcas en ciertas regiones de Irak. Conocidas como gufas —o kufas—, estas embarcaciones servían para acarrear pasajeros y enseres de una a otra orilla de los ríos, siendo su diseño y materiales enormemente parecidos a los que indica la tablilla recuperada por Irving Finkel. Claro que, una cosa son las instrucciones para construir el arca y otra muy distinta que estas se materializaran en el barco descomunal resultante de las mismas, cuyo tamaño, aproximadamente dos tercios de un campo de fútbol, sería *a priori* inasumible incluso disponiendo de la tecnología actual. ¿Se construyó finalmente el arca? ¿Existió realmente el diluvio que la hizo necesaria?

Pese a las dudas de buena parte del *establishment* científico, que otorga un origen mítico a los relatos sobre el Diluvio y el Arca, provengan estos de las tradiciones mesopotámica, bíblica o de cualesquiera otras repartidas por el mundo, diversos hallazgos parecen conceder que, en efecto, en tiempos remotos se produjeron inundaciones devastadoras que afectaron áreas muy extensas del planeta, incluida la región de Mesopotamia y el mismísimo monte Ararat.

Ya en 1.929, el célebre arqueólogo británico Leonard Woolley, quien por entonces excavaba en la ciudad de Ur, tuvo la idea de perforar los estratos inferiores de las ruinas de la ciudad con el objeto de determinar cuál fue el punto de partida de la civilización sumeria. Tras desenterrar numerosos vestigios que se remontaban a varios miles de años antes de Cristo, el equipo de arqueólogos dirigido por Woolley se topó con una capa de fango. Pese a ello, éste insistió en que se siguiese perforando a través del cieno. Aproximadamente cuatro metros más abajo, surgieron nuevos objetos que demostraban la existencia de otra civilización obviamente previa a la aparición del fango. ¿Qué demostraba esto? Ni el arqueólogo ni su equipo de colaboradores tuvieron dudas al respecto. Aquel estrato cenagoso no había sido producto de una anegación circunstancial, sino de una gran inundación muy prolongada en el tiempo, un verdadero diluvio que sepultó a los antiguos habitantes de Ur al menos ochos metros bajo el nivel de las ruinas excavadas por Woolley.

El Arca de Noé

Los episodios bíblicos sobre el Diluvio y el Arca no serían sino "préstamos" tomados de relatos sumerios muy anteriores.

Pero una cosa es constatar que la región de Mesopotamia sufrió terribles inundaciones hace miles de años y otra muy distinta pensar que una embarcación, arrastrada por las aguas torrenciales, encallase tan arriba como en las laderas del imponente Ararat. Y, sin embargo, millones de personas creen firmemente en el relato del Arca y su llegada al monte-emblema de Armenia.

UN BARCO EN LA MONTAÑA

Los testimonios que relacionan el monte Ararat con el último destino del Arca de Noé son muy numerosos. Beroso el Caldeo, célebre historiador de Babilonia que vivió entre los años 350 y 270 a. C., se refería al arca como «la nave que embarrancó en Armenia», subrayando que los habitantes de aquella comarca solían arrancar pequeños fragmentos del barco para después fabricarse amuletos. Otro conocido historiador de la antigüedad, Flavio Josefo (siglo I), afirmaba en uno de sus textos que «algunos restos de la nave todavía se encuentran en Armenia». Citado por el anterior, el también

Ruinas de la ciudad de Ur con el Zigurat de Ur-Nammu al fondo a las afueras de Nasiriyah (Irak).

historiador Nicolás de Damasco dejó escrito: «En Armenia hay un gran monte llamado Baris (una de las varias denominaciones que ha recibido el Ararat), donde muchos escapados hallaron refugio en los tiempos del diluvio, y un hombre con un arca arribó a la cumbre, y se guardaron durante mucho tiempo restos de maderas».

Ante la visión de aquella montaña, el monje franciscano y gran viajero Odorico de Pordenone escribía lo siguiente en 1.316: «Las gentes del lugar nos dijeron que nadie podría escalar jamás aquel monte, pues ello no parecía complacer al Altísimo». Por la misma época, Marco Polo tampoco escapó al influjo del monte Ararat, insistiendo en la inaccesibilidad del mismo: «Sabed que este país de Armenia es el lugar donde se halla el Arca de Noé, en la cima de cierta montaña inmensa cuyos picos tienen nieve de forma tan constante que nadie puede ascender a ellos».

A pesar del escepticismo de Odorico y Marco Polo, es probable que más de un peregrino consiguiera coronar la montaña sagrada. O así lo han transmitido varias leyendas locales. Según estos relatos, muchos hombres santos lograron acceder al lugar exacto donde yacía el arca, llevándose consigo pequeños trozos de madera que transformaron en reliquias. Asimismo, se cuenta que algunos pastores, tratando de recuperar animales extraviados, de vez en cuando se topaban con los restos de una gran embarcación.

Sin embargo, conocedores de cierta tradición que maldecía a todos aquellos que profanaran aquel "barco divino", optaban por huir despavoridos abandonando a su suerte a las reses despistadas. De hecho, vinculadas o no al relato de Noé, otras leyendas del Ararat relacionaban sus cimas más altas con lugares de enfermedad y muerte, si bien dichas creencias tendrían más que ver con el ya bien conocido "mal de las alturas" que con un pretendido castigo divino.

«Sabed que este país de Armenia es el lugar donde se halla el Arca de Noé, en la cima de cierta montaña inmensa cuyos picos tienen nieve de forma tan constante que nadie puede ascender a ellos.»

En cualquier caso, la primera expedición oficial al monte Ararat o, al menos, la primera de la que tenemos constancia bien documentada, no se produjo hasta el 26 de septiembre de 1.829, fecha en que el gran naturalista y viajero alemán Johann Friedrich von Parrot accedió a la cima de la montaña. Parrot, profesor de filosofía natural en la universidad rusa de Tartu (ahora en Estonia) y considerado como el fundador del alpinismo científico, alcanzó la cumbre del Ararat al tercer intento, siendo el primer occidental en conseguirlo. Los detalles más interesantes de su expedición tienen que ver con su estancia en el monasterio de San Jacobo, en la garganta de Ahora (o *Arghuri*), edificio y localidad que se ubicaban en las faldas del Ararat, donde el naturalista y montañero estableció su campamento base. Y he utilizado el pasado porque tanto el monasterio como varias localidades a su alrededor quedaron sepultadas bajo la lava tras la última erupción del volcán Ararat en 1.840, catástrofe natural que además de incalculables daños materiales segó la vida de varios miles de personas.

Durante su estancia en el monasterio de San Jacobo, Von Parrot realizó una especie de inventario de los peculiares tesoros que albergaba el edificio religioso, tesoros entre los cuales se incluían un icono fabricado con la madera del Arca de Noé, madera que, de hecho, habría servido para construir el monasterio mismo, o eso fue lo que le dijeron varios de los monjes más ancianos de San Jacobo.

«[...] la primera expedición oficial al monte Ararat no se produjo hasta el 26 de septiembre de 1.829, fecha en que el gran naturalista y viajero alemán Johann Friedrich von Parrot accedió a la cima de la montaña.»

Pese a que en muchas citas sobre la expedición de Parrot se menciona que vio fragmentos del arca en su ascenso al Ararat, el naturalista de origen alemán jamás dijo tal cosa, si bien es cierto que durante las semanas que pasó en Arghuri no encontró a nadie que no estuviese plenamente seguro de que los restos de la embarcación continuaban en la montaña... o que los viñedos que rodeaban San Jacobo eran los mismos que plantó el patriarca bíblico. «Están todos firmemente convencidos de que el Arca sigue estando, a día de hoy, en algún lugar de la cima del monte Ararat, y al objeto de asegurar su preservación, ningún ser humano debe ascenderlo», escribió Von Parrot en *Reise zum Ararat* (*Viaje a Ararat*, 1.834), obra en dos volúmenes que contiene el relato pormenorizado de aquella expedición en busca de la mítica Arca de Noé.

Al contrario que Friedrich von Parrot, en cuya mente científica no encajaba la posibilidad de creer en lo que no vieran sus ojos, al empresario francés Fernand Navarra le hubiera bastado el más mínimo indicio para satisfacer un anhelo que le obsesionó desde la infancia: descubrir si la historia que había leído sobre el Arca de Noé era cierta. Por ello, una vez finalizada la Segunda Guerra Mun-

> Pese a que la ciencia lo considera un mito, numerosos relatos y tradiciones avalan la realidad de una gran inundación que alteró la faz de la Tierra.

dial, Navarra dirigió varias expediciones hasta el monte Ararat, aunque sin resultados positivos. Cualquier otro se hubiera dado por vencido, pero el industrial francés estaba convencido de que el destino iba a depararle descubrir la prueba definitiva de la existencia de la embarcación. Finalmente, en 1.955, las circunstancias se tornaron más favorables. Aquel año, la llegada de Navarra coincidió con el máximo de licuación de los glaciares del Ararat, montaña caracterizada por sus nieves perpetuas. El aventurero francés no estaba dispuesto a desperdiciar la ocasión y, en compañía de su hijo Rafael, de tan sólo 11 años, emprendió el ascenso de la misma.

Tras una penosa escalada plagada de incidentes, Navarra y su hijo se internaron en una gruta para resguardarse de una inoportuna tormenta. Cuando la lluvia amainó, advirtió que entre los salientes de hielo y piedras sobresalía lo que le pareció era una estructura de madera. Tras descender unos metros, comprobó que, en efecto,

© Henri Nissen (2.012)

Ubicado en la actual Turquía, el monte Ararat ha excitado la imaginación de artistas y espoleado a grandes aventureros.

se trataba de una traviesa de color oscuro, casi negro, trabajada a mano. Es más, observó que aquel trozo estaba unido a una estructura mayor, aunque ésta permanecía oculta bajo el hielo. Navarra no lo pensó dos veces. Con grandes dificultades logró arrancar un buen fragmento de la madera, con algo más de metro y medio de longitud, y se lo hizo llegar a su hijo Rafael, que le aguardaba impaciente unos metros más arriba.

> «Están todos firmemente convencidos de que el Arca sigue estando, a día de hoy, en algún lugar de la cima del monte Ararat, y al objeto de asegurar su preservación, ningún ser humano debe ascenderlo.»

Antes de regresar a Francia, Fernand Navarra visitó Egipto, mostrando su hallazgo a unos expertos del Museo de El Cairo familiarizados con la datación de objetos antiguos. Para satisfacción del empresario francés, los especialistas egipcios le confirmaron que la pieza en cuestión tenía varios miles de años de antigüedad. Pese a que posteriores análisis rebajaron la edad de la madera hasta situarla incluso en los primeros siglos de nuestra era, el "descubrimiento" de Navarra sirvió para avivar el misterio perenne del Arca de Noé y el monte Ararat, además de como acicate para nuevas expediciones y la toma de fotografías aéreas del área investigada por el aventurero francés. De hecho, pocos años antes de que Navarra obtuviera su "evidencia" del Arca, la región del Ararat, en la frontera entre Turquía y Armenia, fue fotografiada con relativa frecuencia por razones que nada tenían que ver con la arqueología.

Durante la II Guerra Mundial, concretamente en 1.943, dos pilotos norteamericanos que sobrevolaban a no demasiada altura el imponente monte Ararat (5.165 msnm), creyeron atisbar algo parecido al casco de un gran barco en una de las laderas de la montaña. Obviamente, los militares quedaron perplejos ante tan insólita visión, prometiéndose que la próxima vez que realizaran aquella ruta lo harían acompañados por un fotógrafo de su base, deseo que cumplieron pocos días más tarde. En efecto, al llegar al punto que señalaban las coordenadas, el fotógrafo consiguió captar la extraña formación que le habían señalado los pilotos, confirmando que ésta coincidía con la apariencia previsible de los restos de una embarcación.

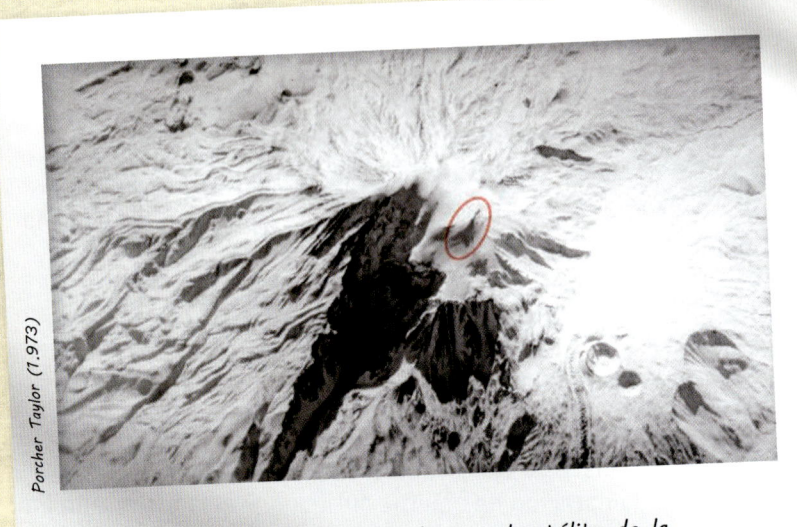

Imagen del monte Ararat captada por el satélite de la CIA Keyhole-9. Marcada en rojo, la anomalía que algunos investigadores identifican con los restos del arca.

Pese a que varios testigos dijeron ver al menos una de aquellas imágenes plasmada en la edición europea de la revista Barras y Estrellas, dicha publicación, al igual que sucedió con otros muchos documentos gráficos obtenidos por pilotos aliados, desapareció entre los abarrotados y viejos archivos de la Segunda Gran Guerra.

Años después de la contienda bélica, exactamente en junio de 1.949, el Pentágono promovió una misión secreta sobre el espacio aéreo limítrofe entre Turquía y la Armenia soviética, durante la cual un avión estadounidense sobrevoló el monte Ararat y fotografió un extraño objeto situado en la falda de la montaña. Como quiera que la estructura llamó poderosamente la atención de los pilotos, estos decidieron regresar para observarla más de cerca. Sin embargo, cuando se disponían a efectuar la nueva aproximación, avistaron otro objeto a no demasiados metros del primero. Esta "anomalía adyacente", tal y como se la bautizó en medios oficiales, se distinguía con la suficiente nitidez en mitad de un glaciar helado.

Se especuló con la posibilidad de que aquellos objetos fueran los fragmentos de una aeronave que pudiera haberse estrellado en el Ararat. Sin embargo, el gobierno turco negó que se hubiese producido un accidente de esas características en la zona.

> «[...] el fotógrafo consiguió captar la extraña formación que le habían señalado los pilotos, confirmando que ésta coincidía con la apariencia previsible de los restos de una embarcación.»

Las fotografías de las anomalías del Ararat fueron desclasificadas en 1.982, pero algunos años más tarde, concretamente en octubre de 1.995, Tom Dougherty, el entonces portavoz de la CIA, quitó importancia al asunto, reconociendo que «la serie fotográfica correspondiente a la 'anomalía' del monte Ararat había estado circulando por los despachos de la Agencia desde que en 1.949 fueron tomadas las fotos».

La mayoría musulmana turca sitúa el arca no en el Ararat, sino en el cercano y más modesto monte Judi, ubicado junto al sitio arqueológico de Durupinar que aparece en la imagen.

Sea como fuere, la polémica sigue envolviendo al monte Ararat, que ha sido visitado en innumerables ocasiones desde aquella primera expedición oficial dirigida por Friedrich von Parrot. Una de estas últimas aproximaciones tuvo lugar en abril de 2.010, cuando un equipo de arqueólogos dijo haber hallado la prueba definitiva del Arca de Noé... o algo que consideraron era una evidencia al 99% fiable. En realidad, al poco de anunciar el descubrimiento –y enseñar varias fotografías del mismo–, las expectativas que generó el supuesto hallazgo se diluyeron como un azucarillo. No era para menos. Las imágenes, que mostraban lo que parecía un pesebre en el interior de un camarote, no convencieron a la comunidad científica, dado el excelente estado de conservación de los elementos fotografiados. Además, pronto se supo que la expedición, que atendía al peculiar nombre de Ministerio Internacional del Arca de Noé, había sido financiada por un grupo evangelista con sede en Hong Kong, y –aún más sospechoso– un portavoz de los arqueólogos se apresuró a decir que la datación por C-14 de los restos arrojaba la cifra de 4.800 años de antigüedad, muy similar a la que ofrece la Biblia para situar en el tiempo el Diluvio Universal.

David Fasold, marino e investigador del sitio arqueológico Durupınar, de pie junto a un ancla de piedra.

© Robert C. Michelson (2.007)

Entre tanto, ¿cómo se toman en Turquía, al fin y al cabo dueña de esta montaña, tantas idas y venidas en pos del Arca de Noé? Para empezar, aunque los musulmanes —lo son el 99% de los turcos— creen en el Diluvio y veneran al profeta Nuh (Noé en el Islam), estos no comparten la tradición judeocristiana que sitúa el Arca en el Ararat, si bien son varias las fuentes islámicas que ubican el lugar de destino de la polémica embarcación no muy lejos de allí, de hecho a tan sólo treinta kilómetros al sur. De modo que si queremos buscar el Arca de Nuh, debemos acudir al sitio arqueológico de Durupinar y, una vez allí, fijar nuestra vista en un monte más modesto, el Judi (Cudi Dagi, en turco), montaña que, curiosamente, también señalaban como última sede del Arca algunas de las más primitivas sectas cristianas. Pero Durupinar nos depara otra sorpresa, que entronca con la tradición de las piedras horadadas de Irlanda y las Orcadas. Me estoy refiriendo a las denominadas Anclas de Arzap.

Descubiertas para Occidente por el arqueólogo amateur Ron Wyatt, se trata de un grupo de piedras verticales algunas de las cuales presentan una abertura muy cercana a su vértice superior. En la década de 1.980, Wyatt y el marino e investigador David Fasold especularon con que dichos orificios habrían servido para asir las rocas mediante una cuerda, identificando los monolitos no sólo con anclas de piedra como las usadas por ciertas embarcaciones antiguas en el área mediterránea, sino con las mismísimas anclas del Arca de Noé.

Es seguro que a Wyatt y Fasold les cegó su indisimulada pasión por los misterios bíblicos, pues soslayaron varias evidencias que les habrían hecho ser mucho más cautos en su juicio. Quizá por desconocimiento de las tradiciones locales, los investigadores creyeron que las cruces grabadas en las piedras denotaban el origen cristiano de las mismas, pero tales cruces eran un añadido muy posterior. De hecho, los ejemplos de piedras paganas convertidas al cristianismo mediante la inscripción de cruces son muy numerosos. Podemos verlos en las Islas Británicas, en el ejemplo que nos ocupa y, a menudo, un poco más hacia el este de Durupinar, ya en Armenia, donde, entre otras cosas, nos aguarda el círculo megalítico más antiguo de la humanidad.

capítulo III
ARMENIA: PIEDRAS, METALES Y ESTRELLAS

«Las estrellas son las amigas de los exploradores, antes cuando las naves navegaban sobre la Tierra y ahora que las naves espaciales navegan por el cielo».

Carl Sagan (*Cosmos*).

Cementerio de Noratus, Armenia; © nikidel (págs 82-83)
Piedras fálicas junto a los restos del castillo de Metsamor; © Sonashen (págs 86-87)
Zorats, observatorio astronómico Karahunj; © Armen Manuko (pág 91)
Vista general de Zorats, observatorio astronómico Karahunj; © Armen Manuko (págs 92-93)
Detalle del círculo megalítico de Zorats Karer; © Francizco González (pág 98)

En 1.969, el Gobierno de la República Socialista Soviética de Armenia construyó Metsamor. Surgida de la nada, la ciudad se proyectó para dar cobijo a los trabajadores de la central nuclear homónima, la única con la que cuenta este país. Ubicadas a unos 35 kilómetros al sur de Ereván, capital de Armenia, muy cerca de la frontera con Turquía y a la sombra un tanto lejana del monte Ararat, la instalaciones de Metsamor se convirtieron en noticia a raíz del incidente de Fukushima, pues fueron muchos los expertos que señalaron su extrema peligrosidad. Y no sólo porque esta central nuclear de la era soviética haya quedado obsoleta, sino porque la región donde se asienta es altamente propensa a sufrir terremotos.

De hecho, las huellas de sismos y erupciones volcánicas son visibles en buena parte del reducido territorio armenio —su extensión es similar a la de Bélgica—, cuya meseta resulta una excepción en un país donde las montañas ocupan la mitad del mismo y poseen una altura media cercana a los 2.000 msnm. Víctima de esa geología adversa, el patrimonio arqueológico de Armenia es un verdadero rompecabezas, puzzle que comenzó a componerse en tiempos relativamente recientes.

Surgida de la nada, la ciudad de Metsamor se construyó para cobijar a los trabajadores de la central nuclear homónima.

En la década de 1960, arqueólogos armenios examinaban un yacimiento próximo precisamente a la actual Metsamor ("Gran Madre" en armenio), repleto de ruinas de lo que parecían templos, de estructuras megalíticas muy antiguas y de miles de artefactos de difícil catalogación, a los que me referiré más adelante.

> «En 1960, arqueólogos armenios examinaban un yacimiento próximo a la actual Metsamor [...], repleto de ruinas de lo que parecían templos, de estructuras megalíticas muy antiguas y de miles de artefactos de difícil catalogación.»

Curiosamente, en tanto que la mayoría de investigadores se detenían en el estudio de los hallazgos y piezas más evidentes, Elma S. Parsamian, una astrónoma del Observatorio Astrofísico de Byurakan (renombrado Observatorio Víktor Ambartsumián en 1.998), contemplaba atónita unos extraños petroglifos aparentemente indescifrables, grabados y pintados sobre las rocas de origen volcánico tan abundantes en la región. Aquellos pictogramas no parecían gran cosa comparados con los restos arqueológicos cercanos al llamado Castillo de Metsamor, una antigua fortaleza erigida junto a un espectacular círculo de megalitos. Sin embargo, gracias a su formación académica, la astrónoma armenia intuyó que las formas y peculiar distribución de los signos inscritos en los petroglifos no eran ni mucho menos aleatorios, sino que parecían obedecer a cierta intencionalidad por parte de sus primitivos autores.

> «[...] algo en la disposición de los garabatos le hizo recordar los mapas celestes que utilizaba en el observatorio de Byurakan.»

En realidad, la intuición de Parsamian tenía mucho que ver con las tareas que desempeñaba habitualmente, pues algo en la disposición de los garabatos le hizo recordar los mapas celestes que utilizaba en el observatorio de Byurakan. Por otra parte, la astrónoma no pasó por alto que el conjunto de petroglifos estaba ubicado en una posición elevada y con amplia visibilidad, en un lugar de la meseta armenia que a ella debió inspirarle cierto misterio.

Ya atardecía cuando Elma S. Parsamian levantó su vista al cielo, como tantas veces había hecho paseando junto al imponente monte Aragáts (4.095 metros), sede del Observatorio de Byurakan y cota más alta de Armenia. De súbito, una disparatada hipótesis se instaló en su mente científica: ¿era posible que sus antepasados más remotos hubiesen construido en Metsamor un primitivo observatorio astronómico? Tenía que demostrar con elementos sólidos aquella, de momento, vaga especulación; conjetura que rechazaron la mayoría de sus colegas cuando les comentó la idea en el observatorio astrofísico donde trabajaba.

Parsamian comenzó a buscar entre los centenares de cazoletas —como llaman los arqueólogos a estas incisiones artificiales en la piedra— y se detuvo en una que parecía diferenciarse del resto. Seguidamente, llevada por un fuerte presentimiento, extrajo una brújula de su mochila y la colocó sobre las desgastadas marcas. Su primera intuición pareció confirmarse plenamente cuando, comprobó, presa de la emoción, que las hendiduras del grabado señalaban con extraordinaria exactitud a tres de los cuatro puntos cardinales, concretamente al Norte, Sur y Este. Pero, ¿y si se trataba de una simple casualidad? "Difícilmente", debió pensar la astrónoma. Entonces, ¿cómo pudieron sus antepasados, tantos miles de años atrás, ser tan precisos en la señalización de los puntos cardinales? Pero aquello no era todo...

Muy cerca del misterioso grabado que señalaba los ejes cardinales, la astrofísica halló otra cazoleta que mostraba lo que le parecieron cuatro estrellas enmarcadas por un cuadrado ligeramente irregular. ¿Acaso era posible que una casta de sacerdotes-astrónomos de la antigüedad —se preguntó Parsamian— hubiese dejado constancia de la observación continuada de las estrellas, estableciendo una especie de rudimentario mapa celeste inscrito en las piedras?

> «¿Acaso era posible que una casta de sacerdotes-astrónomos de la antigüedad hubiese dejado constancia de la observación continuada de las estrellas, estableciendo una especie de rudimentario mapa celeste inscrito en las piedras?»

Este muro de piedra es uno de los escasos vestigios de la antigua fortaleza de Metsamor.

Al contrario que sus remotos antepasados, la astrónoma de Erevan contaba con medios suficientes para determinar si Metsamor fue o no uno de los primeros observatorios astronómicos del mundo. De manera que, como quiera que aquellas cazoletas habían sido datadas en alrededor de 7.000 a. C., Parsamian se propuso elaborar una carta celeste que reflejara la posición de las estrellas en el momento en que las contemplaron sus homólogos del Neolítico. Así, trazó una línea imaginaria que diseccionaba la figura trapezoidal que enmarcaba las cuatro estrellas, concluyendo que dicha línea tuvo que haber señalado la posición de Sirio, el brillante astro que tan a menudo aparece ligado a muchas de las más importantes civilizaciones de la antigüedad.

Los hallazgos de Elma S. Parsamian en Metsamor supusieron un antes y un después en la forma de apreciar los conocimientos de los antiguos pobladores de Armenia. Sin embargo, muy poco tiempo después de que sus teorías comenzaran a ser conocidas en Occidente, Parsamian inició una nueva investigación en otro misterioso enclave megalítico, en realidad el sitio arqueológico más enigmático de entre los cuatro mil yacimientos con que cuenta este país.

SOLDADOS DE PIEDRA

Situado en la provincia de Syunik, en las inmediaciones de la localidad de Sisián, a unos 2.000 kilómetros de Ereván, el yacimiento de Zorats Karer —también conocido como Carahunge— está integrado por un amplio conjunto de enormes piedras toscamente talladas, algunas de las cuales presentan un extraño orificio muy próximo a su perímetro, generalmente junto al vértice superior.

Los primeros arqueólogos que estudiaron este lugar especularon con que aquellos bloques estaban relacionados con una necrópolis cercana, un lugar de enterramiento datado entre el 3.000 y el 2.000 a. C., de manera que supusieron que el singular círculo megalítico vendría a ser una especie de monumento conmemorativo, probablemente de carácter ritual y funerario. Sin embargo, a Parsamian, que había visitado e investigado este enclave en varias ocasiones durante la década de 1.980, no le convencieron las primeras explicaciones de sus colegas, pues creía que la necrópolis y los monolitos no estaban relacionados entre sí, ni temporal ni funcionalmente. Su primer paseo por Zorats Karer ("Soldados de Piedra" en Armenio) la impresionó sobremanera. Había centenares de megalitos —exactamente 204— y, aunque a simple vista no parecían guardar ningún orden, algo en su interior le dijo lo contrario. Además, ¿qué eran aquellos agujeros circulares practicados en los bloques?

Los arqueólogos que habían estudiado el sitio antes que ella argumentaron que las piedras eran probablemente ornamentales y los orificios habrían servido a sus artífices para elevarlas mediante algún mecanismo, seguramente una cuerda, sin duda al objeto de facilitar su traslado desde la cantera de donde procedían hasta el lugar elegido para depositarlas. Sin embargo, Elma Parsamian observó dos detalles que no parecían encajar

con aquellas explicaciones. La mayoría de los bloques pesaban varias toneladas y, por otra parte, los agujeros estaban hechos en zonas con muy poco espesor. Si alguien hubiera intentado izarlos utilizando cuerdas anudadas a través de dichos orificios, lo más seguro es que las pesadas piedras se hubiesen roto. Entonces, ¿con qué finalidad se horadaron?

> Algunas de las enormes piedras que componen Zorats Karer presentan un orificio circular en el vértice superior.

Tras una inspección más detenida del complejo de Zorats Karer, Parsamian advirtió que buena parte de los monolitos perforados estaban agrupados en el lado oeste del yacimiento. Además, se fijó en que la altura de la mayoría de los mismos —con aproximadamente la estatura media de una persona— permitía mirar a través de los orificios. En este sentido, se dio cuenta de que las mirillas de los monolitos parecían apuntar hacia un horizonte sin obstáculos, como facilitando el enfoque de cotas muy alejadas. Tras meditar sobre aquellas evidencias, Parsamian no tardó en configurar una hipótesis que se le antojó probable: aquellos monolitos, o al menos los horadados, se fabricaron como una especie de rudimentarios instrumentos telescópicos.

Pero una cosa son las teorías y otra muy distinta demostrarlas. ¿Funcionaban realmente como telescopios las piedras de Zorats Karer? Parsamian y su equipo de colaboradores se volcaron en dotar de argumentos científicos a sus hipótesis preliminares. Para empezar, decidieron acotar su campo de estudio, concentrándose en la observación del cielo durante las noches y al alba. Además, como ya hicieran en Metsamor, retrasaron los relojes astronómicos miles de años hacia el pasado, elaborando mapas celestes aproximativos. Sus resultados les persuadieron de que los antiguos sacerdotes astrónomos —o astrólogos, como prefieran— de Carahunge no sólo estudiaron las fases lunares y los amaneceres durante los solsticios, sino que debieron atesorar un profundo conocimiento de las estrellas. De hecho, asumiendo todo lo anterior, era probable que los druidas de Zorats Karer tuvieran una idea precisa de la medición del tiempo, lo que, con posterioridad, habría facilitado la condición de expertos navegantes terrestres que varias fuentes clásicas atribuyeron a los comerciantes armenios.

> «[...] los antiguos sacerdotes astrónomos de Carahunge no sólo estudiaron las fases lunares y los amaneceres durante los solsticios, sino que debieron atesorar un profundo conocimiento de las estrellas.»

Lamentablemente, dificultades presupuestarias obligaron a Parsamian a abandonar sus investigaciones en el sitio de Zorats Karer. Los problemas económicos que atravesaba la por entonces República Socialista Soviética de Armenia condujeron al desmantelamiento de numerosos programas de índole académica, una situación de precariedad que se prolongó hasta 1991. A partir de ese año, tras poner fin a la dependencia política y económica de la URSS, Armenia vivió un profundo despertar nacionalista, impulso compartido por uno de sus más afamados científicos, Paris M. Herouni.

TELESCOPIOS PRIMITIVOS

Experto en radiotelescopios y gran estudioso del megalitismo y la arqueoastronomía, Herouni quedó impresionado tras leer las teorías de Parsamian en relación con Metsamor y, sobre todo, Zorats Karer. De hecho, no tardó mucho en organizar la primera de las cuatro expediciones que le llevarían a desvelar algunos de los numerosos misterios que rodean a este yacimiento. Además, al contrario que Parsamian, Herouni dispuso de un amplio abanico de medios humanos y técnicos, incluyendo un helicóptero que hizo más fácil la exploración de Zorats Karer. Y no partía de cero, pues había analizado en profundidad los datos proporcionados por Elma Parsamian y seleccionado de antemano sus objetivos, centrados en el estudio de este enclave en relación con los equinoccios y solsticios.

Con este bagaje a su favor, ya desde la primera incursión en la zona, materializada en 1994, el profesor Herouni comprobó que las hipótesis de Parsamian apuntaban en la dirección correcta: los megalitos perforados de Zorats Karer se concibieron como primitivos instrumentos astronómicos, primitivos pero precisos. Y no sólo eso: aquellos pétreos telescopios todavía eran capaces de desarrollar, ocho mil años después, la función para la que pretendidamente fueron diseñados.

Gracias al helicóptero del que disponían, Herouni y su equipo se hicieron una idea exacta de cuáles eran las dimensiones y configuración de Carahunge. Así, advirtieron que el complejo presenta un cuerpo central de piedras con forma ovoide y provisto de un corredor, cuerpo constituido por 39 piedras, varias de las cuales, con forma de ara, probablemente sirvieron como altares ceremoniales. Dicha estructura se extiende 43 metros de Este a Oeste —la dirección de su eje principal— y 37 de Norte a Sur. Diseccionando la misma, un arco elíptico integrado por 20 piedras señalaría la ubicación de la necrópolis que, sin embargo, se habría establecido junto a Carahunge no en el momento de erigirse el complejo, sino aproximadamente 3.000 años después. En cuanto a los monolitos, los expertos contabilizaron 204 bloques de basalto, con entre 50 cm y 3 metros de alto, 76 de los cuales disponían de una abertura o mirilla estratégicamente situada.

Aunque los bloques fueron tallados toscamente —porque probablemente esa fuera la intención de los maestros constructores—, las aberturas se realizaron con sumo cuidado. Aún en nuestros días, resulta sorprendente observar la precisión en los cortes. En cuanto a las dimensiones de los orificios, oscilan entre los 7 y 10 cm de diámetro, con una anchura media de unos 5 centímetros, que va disminuyendo de dentro hacia fuera como ocurre, por ejemplo, en un embudo. Este último detalle, sumado al hecho de que el interior de las aberturas fue limado deliberadamente, convenció a los científicos armenios de que los orificios se realizaron para facilitar la observación de objetos celestes. No obstante, faltaba demostrar con hechos aquella arriesgada conjetura.

Varios de los megalitos de Zorats Karer presentan un orificio en su vértice superior.

Gracias al instrumental de que disponían, el profesor Herouni y su equipo comenzaron a trazar direcciones y perspectivas a través de las mirillas, comprobando que éstas apuntaban a lugares y objetos concretos en el cielo. Como el propio Herouni explica en *Armenians and old Armenia* —libro de cabecera de cualquier arqueólogo que se acerque a este yacimiento—, con paciencia infinita efectuaron mediciones precisas de los acimuts del sol y sus desviaciones a lo largo de dos años —a diferencia de las estrellas, el Sol y la Luna siempre atraviesan los acimuts de igual modo—, determinando que la máxima actividad del observatorio de Zorats Karer se desarrolló hace alrededor de 7.500 años.

Por otra parte, al efectuar dichas mediciones, los investigadores cayeron en la cuenta de que los bloques sin orificios también desempeñaron una función importante en el complejo, pues sus vértices y aristas servían como punto de referencia —y recordatorio— a la hora de fijar los ángulos y trazar las trayectorias durante las observaciones.

Sin embargo, la característica más sobresaliente de Carahunge tiene que ver con la función de sus mirillas. ¿Por qué presentan ese peculiar degradado en su interior? ¿Se colocó en ellas alguna clase de mecanismo para optimizar las observaciones? ¿Quizá, por increíble que parezca, una primitiva lente?

En efecto, pensar que hace 7.500 años los druidas de Zorats Karer conocían el mecanismo de los procesos ópticos, puede sonar descabellado. Además, entre los miles de artefactos hallados en este yacimiento no se ha encontrado ningún objeto que haga suponer tal cosa. Quizá por ello, el profesor Herouni no se atrevió a especular con la posibilidad de que sus antepasados dominaran la ciencia óptica, aunque sí manifestó su creencia en que éstos estudiaron con fiabilidad determinados eventos cósmicos —probablemente eclipses— y cuerpos planetarios, especialmente las estrellas Sirio y Deneb, tal vez, como subrayaba en su libro antes citado, porque los magos-sacerdotes de Zorats Karer debían predecir acontecimientos futuros

«Herouni supuso que la presencia de un observatorio como Carahunge no puede entenderse sin la existencia en paralelo de una cultura muy avanzada, dotada de conocimientos astronómicos, matemáticos y, por ende, conocedora de la escritura.»

Los orificios practicados en las piedras probablemente sirvieron para la observación de determinadas cotas tanto terrestres como celestes.

para mantener ante la comunidad su privilegiado estatus de magos-sacerdotes. Finalmente, Herouni supuso que la presencia de un observatorio como Carahunge no puede entenderse sin la existencia en paralelo de una cultura muy avanzada, dotada de conocimientos astronómicos, matemáticos y, por ende, conocedora de la escritura.

Lejos de quedar trasnochadas, las hipótesis de pioneros como Parsamian y Herouni están en la línea de hallazgos arqueológicos muy recientes que parecen confirmar a Armenia y sus imponentes montañas como los primeros lugares donde se estableció la civilización. Así, los científicos han corroborado que, al menos desde 4.000 a. C., esta región se caracterizó por la producción de herramientas y otros objetos de cobre, de bronce y de hierro, artefactos con los que comerciaron de forma ventajosa con civilizaciones tan poderosas como la limítrofe Mesopotamia y la más alejada de Egipto, latitudes donde estos bienes eran muy escasos.

Sea como fuere, durante los últimos años, prestigiosas instituciones académicas han vuelto sus ojos hacia este país, organizando importantes proyectos arqueológicos y arqueoastronómicos. En 2.010, una expedición conjunta de la Universidad de Oxford y la Royal Geographical Society, dirigida por el astrofísico Mihran Var-

Las piedras se horadaron con sumo cuidado y da la impresión de que en el interior de los orificios pudo introducirse algún objeto para facilitar las observaciones.

danyan, puso en marcha Stars and Stones, un ambicioso programa que pretendía ampliar nuestros conocimientos sobre la misteriosa civilización heredera de Noé y, de paso, tratar de establecer un vínculo entre los yacimientos megalíticos británicos y los prácticamente desconocidos de Armenia, vínculo que, al menos formalmente, parece existir.

No obstante, habida cuenta que la antigüedad de los yacimientos armenios es sensiblemente mayor que la de los ubicados en las Islas Británicas, ¿se produjo una transferencia cultural desde Armenia a la antigua Britania? Y, de ser así, ¿cómo salvaron los magos-sacerdotes armenios los casi 4.000 kilómetros que separan a ambas regiones? ¿Tal vez se dejaron llevar por Bóreas, el viento del norte?

Menos forzada por barreras geográficas, la transferencia entre Nabta Playa y la civilización egipcia parecería más natural. Sin embargo, una gran mayoría de arqueólogos la rechaza. Veamos por qué.

capítulo IV

NABTA PLAYA Y EL ORIGEN DE LA CIVILIZACIÓN EGIPCIA

«Pero, por más que Narmer pueda ser el primer rey histórico, no representa en absoluto el comienzo de la historia de Egipto».

Toby Wilkinson (*Auge y caída del Antiguo Egipto*).

Relieve de un toro en el Templo de Luxor; © Vladimir Wrangel (págs 100-101)
Reproducción del círculo megalítico de Nabta Playa; © Raymbetz (págs 104-105)
Abu Simbel; © Francisco González (págs 108-109)
El Dios Apis; Rama (pág 113)
La Diosa Hathor; © Francisco González (págs 114-115)

Hace 13.000 años, en un rincón perdido de Nubia, tuvo lugar la primera guerra étnica en la historia de la civilización humana. Probablemente no fuera la primera escaramuza que enfrentó a tribus provenientes de áreas relativamente alejadas, separadas por culturas diferentes y con una apariencia física desigual. No obstante, en el caso de Nubia, el conflicto tuvo un carácter generalizado, duró varios meses —o incluso años— y, como digo, enfrentó a blancos contra negros. Al parecer, es probable que los primeros procedieran del Levante, una vasta área situada en lo que se viene en llamar Creciente Fértil. En cuanto a los negros, seguramente habrían llegado desde el África subsahariana, si bien es probable que llevaran cierto tiempo instalados en aquella región, una zona particularmente dadivosa en cuanto a los recursos que habrían facilitado su prosperidad.

Capítulo IV: Nabta Playa y el origen de la civilización egipcia

Ramsés II en su carro de guerra en plena batalla contra los nubios (templo de Beit el-Wali, al norte de Nubia).

Eso fue hace 13.000 años, en la frontera del colapso de la última glaciación, justo antes de que desaparecieran los lagos y las verdes praderas que habían atraído hasta allí a los pueblos del Sáhara.

Los antropólogos de la Universidad de Burdeos, que en el verano de 2.014 protagonizaron la noticia sobre esta guerra, incidían en la naturaleza étnica del conflicto para subrayar que los humanos nos peleamos por cualquier cosa desde hace muchos milenios. O sea, esta clase de guerras vienen de antaño, no son nada nuevo y, en buena medida, atestiguarían que la guerra parece ser un rasgo asociado no sólo con nuestra civilización, sino con las civilizaciones que nos precedieron. Tal vez sea un rasgo genético vinculado con la especie humana, han apostillado expertos en la materia.

> De algún modo, la ignota tradición visible en lugares como Abu Simbel pudo iniciarse en el desierto nubio. ¿Fue también Nabta Playa el germen del panteón de dioses egipcio?

Curiosamente —o en realidad no tanto—, muy cerca del gigantesco osario que recuerda aquella guerra sofisticada, unos 800 kilómetros al sur de El Cairo y apenas cien kilómetros al oeste de Abu Simbel, alguien, en la misma época, expresó de un modo bien distinto esa sofisticación, erigiendo numerosas construcciones que hoy constituyen yacimientos arqueológicos cuyos secretos apenas han comenzado a desvelarse.

Los habitantes de Nabta Playa —que así se llama la región que nos ocupa—, entre 9.000 a 5.500 a. C., vivían en una fértil sabana inundada por frecuentes lluvias, nada que ver con el espacio desértico que hoy soportan los escasos arqueólogos que visitan el enclave. También sabemos que lograron domesticar al ganado vacuno (se cree que fueron los primeros habitantes del planeta en hacerlo) y utilizaron recipientes cerámicos adornados con complejas

inscripciones. Alrededor de uno o varios pozos y un enorme lago, los habitantes de Nabta Playa construyeron cabañas sustentadas por postes, y su alimentación era tan completa como puede serlo nuestra dieta actual.

Además, los hallazgos arqueológicos demuestran que aquellas gentes, probablemente nómadas, tenían un mayor nivel de organización que sus vecinos del Valle del Nilo, los egipcios, quienes mucho después que ellos —insólitamente miles de años después— construyeron el citado Abu Simbel y el resto de maravillas que hoy asombran a los visitantes de Egipto.

En este punto, conviene que nos situemos en el contexto de esta narración. Para entendernos, desde el punto de vista histórico, Abu Simbel es obra de personas como usted o como yo, pues, según la arqueología oficial, se erigió alrededor de 1.300 a. C., dos mil años después de que en Oriente Próximo apareciera el primer documento escrito y, con ello, se diera por concluida la Prehistoria.

De modo que, según la ortodoxia académica, cualquier avance intelectual que ocurriera antes del 3.300 a. C., donde está situada la barrera cronológica a la que acabo de aludir, fue responsabilidad de hombres y mujeres prehistóricos, ya saben, un puñado de sufrientes individuos que acababan de mudarse de las cavernas a las sabanas y que, supuestamente, ni sabían escribir ni, mucho menos, determinar la posición exacta de los astros respecto de la suya.

Sin embargo, los "incultos" habitantes de Nabta Playa, empeñados tozudamente en llevar la contraria a la historia, nos legaron una evidencia arqueológica que nos dice mucho acerca del inquietante grado de civilización de los antepasados del pueblo nubio y de nuestra especie. Me refiero al escasamente conocido –casi ocultado– crómlech de Nabta Playa.

EL CINTURÓN DE ORIÓN... ¡HACE 18.000 AÑOS!

Grosso modo, este henge consta de treinta piedras dispuestas en círculo, en cuyo interior hay otras seis piedras, en un perímetro que no excede los diez metros. Además, el pequeño yacimiento

Reproducción del crómlech de Nabta Playa en el Museo Internacional de Nubia, en la localidad de Aswan.

cuenta también con cinco alineamientos líticos que se extienden a partir de un conjunto de piedras centrales. Sin duda, a la vista de cualquier observador, el crómlech de Nabta Playa es mucho menos espectacular que su homólogo y fotogénico de Stonehenge, aunque bastante más antiguo. Pero,

> «[...] el pequeño crómlech de Nabta Playa se erigió en torno a 6.000 a. C., lo que, sin duda, lo convertiría en una de las construcciones líticas más antiguas de la humanidad.»

¿cuánto es bastante? Responder al cuándo, quiénes y por qué de este observatorio astronómico es una cuestión harto difícil, que marca la diferencia entre la arqueología ortodoxa y la que los representantes de esta corriente oficial llaman displicentemente "pseudo arqueología" o cualquier otro término aun más hiriente.

Según la primera versión de los hechos, el pequeño crómlech de Nabta Playa se erigió en torno a 6.000 a. C., lo que, sin duda, lo convertiría en una de las construcciones líticas más antiguas de la humanidad. En opinión de otros investigadores, menos dóciles con el dogmatismo académico, las piedras del complejo de Nabta no se colocaron al azar, sino que conformarían un marcador calendárico u observatorio astronómico.

Por ejemplo, esta es la opinión del astrofísico Thomas G. Brophy, el primero en observar la existencia de cuatro pares de piedras aparentemente enfrentadas dos a dos, constatando que una de las puertas estaba orientada norte-sur, en tanto que la otra lo hacía en dirección nordeste-suroeste, apuntando al solsticio. De hecho, Brophy apuesta por que tres de las piedras en el interior del complejo de Nabta Playa reflejarían las estrellas más visibles del Cinturón de Orión, argumentando que los constructores del crómlech vieron cómo estas estrellas cruzaban el meridiano de las noches del solsticio de verano entre los años 6.900 a. C. y 4.900 a. C. Este hecho resulta significativo, pues «en el año 4.940 a. C., la inclinación del Cinturón de Orión en el meridiano estaba en su ángulo más pequeño. Incluso más curioso, ese mismo año también marcó el único momento de todo el ciclo precesional en el que el Cinturón de Orión se sitúa sobre el meridiano cerca del amanecer, en el solsticio de verano», recuerdan los egiptólogos aficionados Robert M. Schoch y Robert Aguinas McNally. Y eso no es todo.

De igual modo que en Saqqara (arriba, vista del hemiciclo del Serapeum), en Nabta Playa se descubrieron sarcófagos con grandes bóvidos en su interior.

Según Brophy, los constructores del crómlech dispusieron otras tres piedras dentro del círculo principal mediante las cuales dibujaron la posición de los "hombros" (*Betelgeuse* y *Bellatrix*) y la "cabeza del cazador" (*Meissa*) de Orión alrededor del año 16.500 a. C., otra fecha significativa como recalcan Schoch y McNally: «En los cielos cercanos a esa época, en la lejana prehistoria, la inclinación del Cinturón de Orión en el meridiano estaba en su mayor ángulo. Superponiendo las formas de Orión en el solsticio de verano, tanto del año 4.940 a. C. como del 16.500 a. C., se verá cómo las piedras que forman el círculo y se encuentran dentro de él perfilan la constelación en esos dos puntos. Quien quiera que construyera este círculo, conocía la precesión de Orión en su ciclo completo de 25.900 años, miles de años antes de que a Hiparco se le atribuyera su descubrimiento».

También formarían parte del observatorio de Nabta Playa los seis alineamientos radiales del crómlech —siempre en opinión de Brophy—, en los que ha identificado un "círculo calendario" que coincide con el orto helíaco del equinoccio de invierno. De hecho, el astrofísico plantea que las distancias entre las piedras que delimitan el complejo representan nada menos que el brillo de las estrellas, deduciendo que los sacerdotes astrónomos de Nabta Playa fueron capaces de medir la distancia de la Tierra a los cuerpos celestes utilizando la escala de 1 metro igual a 0,799 años luz, equivalencia muy similar al cálculo actual de distancia astronómicas.

Obviamente, los detractores de Brophy le recordaron que es imposible que los hombres del Neolítico —y mucho menos los antepasados de éstos— conocieran técnica alguna que les permitiera medir las distancias a las estrellas, aduciendo que si bien los cálculos de Brophy pueden ser correctos, seguramente se trata de una coincidencia fortuita.

Para quienes no creen en coincidencias, Nabta Playa no sólo es la prueba de que nuestros ancestros de la Edad de Piedra poseían conocimientos astronómicos avanzados, sino que este enclave sería sólo uno de tantos en una red que se extiende a nivel planetario, una red que tejieron los representantes de una civilización madre y global —y perdida desde la perspectiva histórica— que precedió a la nuestra.

«Nabta Playa no sólo es la prueba de que nuestros ancestros de la Edad de Piedra poseían conocimientos astronómicos avanzados, sino que este enclave sería sólo uno de tantos en una red que se extiende a nivel planetario.»

En este contexto, ¿es casualidad que el observatorio de Nabta Playa señalara las principales estrellas del Cinturón de Orión (Alnitak, Alnilam y Mintaka) miles de años antes de que fueran representadas más que simbólicamente por las tres pirámides principales de Giza? O, reformulando la pregunta, ¿por qué tanto los astrónomos de Nabta Playa como los constructores de las célebres pirámides de Giza volcaron sus esfuerzos en señalar un suceso celeste vinculado con el lejano Cinturón de Orión? Y ésta no es la única probable correlación entre ambas sociedades.

CULTO AL TORO

Al excavar una decena de túmulos descubiertos en este enclave nubio, los arqueólogos descubrieron que en su interior no había restos de seres humanos, como sospecharon en un principio, sino

> Para sorpresa de los arqueólogos, los sarcófagos descubiertos en Nabta Playa contenían huesos de vacas y bueyes, anticipando en miles de años el culto egipcio al toro sagrado Apis, materializado este último en el espectacular y misterioso Serapeum de Saqqara, en Menfis.

los cadáveres de vacas y toros que habían sido enterrados en enormes sarcófagos de piedra —y algunos dentro de recámaras—. Además, advirtieron que los animales habían sido sepultados siguiendo pautas ritualizadas, quizá en el contexto de una especie de protorreligión más compleja. ¿Acaso no fue este aparente culto a Apis el mismo que se detectó —miles de años después, insisto— en el Serapeum egipcio de Saqqara?

Recordemos que el célebre Serapeum, descubierto por Auguste Mariette en 1.850, fue excavado a doce metros de profundidad y en el mismo se construyeron 24 cámaras laterales talladas en la roca, de 6 a 11 m de largo y de 3 a 6 m de anchura, en cada una de las cuales se depositó un enorme sarcófago de basalto, granito negro, rosado o piedra caliza que pesaba entre sesenta y ochenta toneladas, la mayoría de unos 4 m de longitud por 2,3 m de ancho y 3,3 m de altura, con su respectiva tapa del mismo material, y que en el interior de los ciclópeos sarcófagos no se hallaron gigantes, sino los legendarios toros sagrados o *Apis*.

Asimilado con el curso del Nilo, parece que el culto al toro (*Apis*) —o a la vaca (*Hathor*)— pudo viajar desde la prehistórica Nabta Playa a Saqqara (ci. 3.050 a. C.) junto con las migraciones de las personas que vivían en los oasis de Nubia, una vez que se convirtieran en el desierto que vemos hoy.

No obstante todo lo anterior, muy pocos arqueólogos se muestran permeables a la idea de que los pueblos primitivos del Sahara y Nubia tuvieran una influencia notable sobre la vida política y religiosa en el Predinástico y el Imperio Antiguo. El respetado Mark Lehner, por ejemplo, refiriéndose a los hallazgos en Nabta Playa argumentó en la revista Archaeology que «no se puede ir directamente de estos megalitos a la pirámide de Dyesser (Zoser)», aludiendo a la revolucionaria pirámide escalonada construida por Imhotep en la necrópolis de Saqqara.

Las reservas de Lehner tienen sentido, viniendo de quien vienen. Sin embargo, y en la misma publicación, el sin duda prestigioso egiptólogo reconocía que los elementos descubiertos en Nabta Playa sugerían «cierta conexión con los patrones de pensamiento de los egipcios».

Alineamientos con solsticios, conocimientos astronómicos precisos, el manejo de bloques ciclópeos, rituales que semejan el posterior culto a Hathor e Isis...

En realidad, el problema no parece ser que Nabta Playa influyera decisivamente sobre las dinastías faraónicas. La cuestión, bastante más relevante, es que mucho milenios antes de lo que se suponía, los hombres y mujeres de la Edad de Piedra dieron un inmenso salto —evolutivo o de otra clase— que sigue provocándonos una sensación de desconcierto. ¿Cuál fue la chispa que les hizo despreocuparse de la cotidianidad para buscar la trascendencia? ¿De dónde obtuvieron los conocimientos astronómicos que se creía estaban fuera de su alcance? ¿Les instruyó alguien o accedieron al archivo arcano de una cultura ignota que les precedió? ¿Quizá los archivos que Edgar Cayce localizó bajo la Gran Esfinge de Giza?

Sin duda, el pueblo de Nabta Playa representa como pocos a esa civilización perdida que tan difícil nos resulta clasificar. Está claro que los humanos del Neolítico sabían algo que escapa a nuestro modo de entender el pasado.

capítulo V

LA ESFINGE CELESTE DE LOS SHEMSU HOR

«Nada ha permanecido de cuanto se vio abrumado por el Diluvio, excepto la aldea de Nahavand, que se encontró tal y como era antes del cataclismo, y las pirámides de Saïd».

Al-Maqrizi (*Description topographique et historique de l'Égypte*).

Representación de la deidad egippcia Amón-Ra ; © Fotokostic (págs 116-117)
La Gran Esfinge de Guiza y la Gran Pirámide; © Francisco González (págs 118-119)
Obelisco erigido por Thutmose I en Karnak; © Francisco González (pág 126)
Laberinto subterráneo en las inmediaciones del lago Meris; © Francisco González (pág 129)
La Gran Esfinge de Guiza; © Barcex (pág 131)
Estatuas de Ramsés II en la entrada del templo de Abu Simbel; © Steve F-E-Cameron (pág 143)

Probablemente, no pocos visitantes de la famosa explanada de Guiza, junto a El Cairo, se han preguntado por qué los antiguos egipcios añadieron una esfinge al ordenado paisaje que se integra en torno a las pirámides de Keops, Kefrén y Micerino. Ciertamente, la Gran Esfinge se nos antoja un elemento extraño en esa vasta meseta. Parece desentonar en la perspectiva arquitectónica de la planicie, perspectiva que tanto cuidaron los constructores del Antiguo Egipto. Y hay una segunda cuestión que tal vez intrigue a los observadores más pausados. Nos referimos al tamaño de la cabeza de este monumento. Tras un somero vistazo, cualquiera advertiría que, sin duda, ésta resulta desproporcionada —debido a su pequeñez— en comparación con el resto de su cuerpo.

De hecho, da la impresión de que la cabeza de la Gran Esfinge se esculpió después o, mejor, se cinceló sobre la que originalmente formó parte de tan espectacular obra. Siguiendo con estas intuiciones, podría especular que la Esfinge ya estaba en Guiza antes de que se erigieran las pirámides y su cabeza resultó mutilada, suprimida y reconstruida para servir al interés particular de un faraón, y, seguramente, ocultar para siempre el origen y verdadera autoría del enigmático monumento.

En este sentido, son muchos los investigadores que rechazan las tesis oficiales sobre la Gran Esfinge, que apenas han cambiado desde el siglo XIX y la datan en torno al 2.500 a. C., atribuyendo la autoría de la escultura al faraón Kefrén, el mismo que da nombre a la famosa pirámide que se sitúa justo detrás de la propia Esfinge.

Ésta, como decimos, es la hipótesis aceptada por la egiptología oficial, de modo que cualquier idea que discuta dicho punto de vista suele tacharse de meramente especulativa, carente de fundamento histórico, propia de pseudoarqueólogos o, aun peor, "piramidiotas".

No obstante, insistimos, respetados investigadores y científicos no están ni mucho menos de acuerdo con esas tesis académicas, defendiendo otras menos acomodaticias con la ortodoxia arqueológica. Los ejemplos, como veremos a continuación, son muy numerosos y, sobre todo, bien construidos, argumentados y, en suma, perfectamente plausibles.

> René Schwaller de Lubicz argumentó que la erosión que presentaba el cuerpo de la Esfinge se debía a la acción del agua, sugiriendo que el monumento se habría construido varios miles de años atrás de lo que sigue estimando la arqueología oficial.

Nadie duda, por ejemplo, de la profesionalidad de los egiptólogos pioneros James H. Breasted, Sir Flinders Petrie o Ernest Wallis Budge, quienes plantearon abiertamente que era probable que la Gran Esfinge ya estuviera en Guiza cuando Kefrén subió al poder. De hecho, Wallis Budge especuló con que el monumento se habría erigido durante el Periodo Arcaico de Egipto (3.100 a. C.). Menos tímido se mostraba, a comienzos del siglo XX, el controvertido egiptólogo y ocultista René Schwaller de Lubicz, quien argumentó que la erosión en surcos verticales que presentaba el cuerpo de la Esfinge no se debía a la acción del viento y a las tormentas de arena, sino a la del agua, sugiriendo que el monumento se habría construido varios miles de años atrás de lo que sigue estimando la arqueología oficial. Pero las teorías más rompedoras en relación con la datación e interpretación de la Esfinge son relativamente recientes.

Deudor del trabajo cuasi premonitorio de Schwaller de Lubicz, el egiptólogo independiente John Anthony West no sólo corroboró las apreciaciones del anterior, sino que, en 1.989, en colaboración con el geólogo Robert Schoch, propuso que la Esfinge se esculpió nada menos que hace 15.000 años, cuando en Egipto había «otro clima».

Además de resaltar que los patrones de desgaste en la Esfinge y en el foso que la contiene se adecuan a lluvias torrenciales y no a la erosión del viento —justo al contrario de lo que ocurre con el resto de edificios de la meseta de Guiza—, West precisaba que dado que el cuerpo principal de la Esfinge permaneció enterrado durante miles de años con excepción de la cabeza que la corona, esta última debía presentar mayores signos de erosión que el resto, lo que sorprendentemente no sucede y, por ende, lleva a pensar que fue añadida con posterioridad. En conclusión: la Gran Esfinge ya estaba construida en el momento en que se produjo el colapso paulatino del último periodo glacial, un instante geológico situado en la asombrosa fecha de hace entre 20.000 y 10.000 años.

En 1.990, el propio Robert Schoch (Universidad de Boston) y el geofísico Thomas L. Dobecki también concluyeron sobre el terreno que la Gran Esfinge presenta, en efecto, dos tipos de erosión bien diferenciados: el primero causado por el viento y el segundo por lluvias torrenciales. Según ambos científicos, aunque en tiempos del faraón Kefrén la meseta de Guiza todavía presentaba un índice de pluviosidad considerable, éste no era del tipo aluvial que se correspondería con los surcos verticales que se aprecian en el cuerpo principal del monumento. De ahí que sugieran la fecha aproximada de 10.500 a. C. como la más probable para la construcción de la escultura, por idénticas razones a las planteadas por John Anthony West.

UN FELINO ACECHANTE

La Gran Esfinge se muestra como un objeto extraño en la explanada de Guiza. ¿Quizá porque fue construida miles de años antes que las pirámides?

Esta misma y remota fecha es la que propusieron en 1.997 los *best seller* Robert Bauval y Graham Hancock, aunque ambos autores ponen el acento en otra de las peculiaridades más debatidas en relación con la gigantesca estatua. En concreto, Bauval y Hancock desarrollan ampliamente el argumento de que la monumental obra representaba originalmente a un león sedente, un felino acechante con su vertical orientada hacia su espejo estelar, esto es: la constelación de Leo en el equinoccio de primavera o vernal de 10.500 a. C.

Como ocurre con la mayoría de templos egipcios, la disposición de las pirámides de Guiza obedecía a una orientación estelar.

Como otros muchos arqueoastrónomos, Bauval y Hancock utilizaron el simulador Skyglobe para determinar la posición de las estrellas en la fecha mencionada, cifra que también se correspondería con la posición de las pirámides de Guiza respecto de las tres estrellas del cinturón de Orión, lo cual obviamente retrasaría la datación de sendos edificios o, tal vez, mostraría que su peculiar disposición podría obedecer a una especie de recordatorio de este evento celeste.

Sea como fuere, la nueva y revolucionaria datación de la estatua entronca con otras hipótesis aún más fascinantes, vinculadas con la verdadera función de la Gran Esfinge y la identidad de sus arcaicos pero tecnológicamente avanzados constructores.

Una de esas teorías surgió en la mente visionaria de Edgar Cayce (1.877 - 1.945), el místico y sanador estadounidense que defendía el origen atlante de la Gran Esfinge. De hecho, el polémico Cayce difundió la idea de que muy cerca o debajo

> El polémico pero influyente místico Edgar Cayce situaba la "Sala de los Archivos" de la Atlántida muy cerca o debajo de la Gran Esfinge.

de este monumento egipcio se hallaría la "Sala de los Archivos" de la Atlántida, una hipótesis que muchos escépticos consideraron inaudita, pero que movilizó a numerosos investigadores en todo el mundo al objeto de descubrirla.

En una de sus conocidas respuestas psíquicas, Cayce describió así el contenido de la misteriosa sala: «[Guarda] los archivos de la Atlántida desde los tiempos en que el Espíritu empezó a proyectarse sobre la materia y a tomar forma en esa tierra, así como los registros de la evolución de la especie y del desarrollo de la gente durante su estadía en aquel continente. También conserva los archivos de la primera destrucción de la Atlántida y los cambios resultantes, así como los registros de los movimientos

Jean-Léon Gérôme (1.867 - 1.868)

Esta célebre pintura con Napoleón contemplando la Gran Esfinge, muestra al monumento semienterrado y con graves daños por la erosión.

El debate sobre si algunos monumentos egipcios contienen cámaras o salas ocultas continúa abierto en la actualidad.

de población hacia otros países y las diversas actividades de los individuos en sus tierras adoptivas; los archivos de los encuentros entre los delegados de todas las naciones para tomar las disposiciones necesarias antes de la destrucción final de la Atlántida y la construcción de la Pirámide de Iniciación, la indicación de dónde se hallan preservados los archivos de la sumergida Atlántida y por quién, cómo y cuándo serán descubiertos, pues tienen que aparecer de nuevo con el cambio en la conciencia de la humanidad. La posición de la sala sellada está determinada por la línea de sombra (o de luz) que cae, al salir el sol, entre las patas de la Esfinge, la cual se edificó posteriormente como centinela o guardián. Sólo cuando llegue el tiempo de los cambios verdaderos en la vida de los seres humanos, se podrá entrar en la sala de los archivos, desde las cámaras conectadas a la pata derecha de la Esfinge, pues la sala sellada se encuentra entre la Esfinge y el río».

Desde la actual óptica materialista, las declaraciones del "profeta durmiente" —como era conocido— pueden parecer descabelladas, pero Edgar Cayce tuvo una enorme influencia sobre ciertos sectores de la sociedad norteamericana de su tiempo, entre ellos una élite de librepensadores que creía firmemente en su bonhomía y en lo fidedigno de sus "lecturas de las vidas" , como pasaron a ser llamadas sus respuestas o predicciones en estado de trance a las cuestiones más diversas que le planteaban quienes acudían a consultarle. Paradójicamente, uno de los seguidores más fieles de Edgar Cayce fue el por entonces veinteañero Mark Lehner, hoy célebre y mediático egiptólogo que supervisa las excavaciones y obras de restauración en la meseta de Guiza, a menudo bajo la atenta mirada del inefable Zahi Hawass.

Considerado la mayor autoridad mundial en la Gran Esfinge, Mark Lehner fue abandonando progresivamente sus afectos por Cayce, a tal punto que en la actualidad rechaza con vehemencia la posibilidad de que bajo la Esfinge haya algo más que arena y, mucho menos, que ésta oculte los archivos secretos de una civilización ignota. Pero no todo el mundo piensa como Lehner. La idea de que la Esfinge esconda galerías y cámaras subterráneas ha atraído —y sigue haciéndolo— a un estimable número de investigadores independientes e incluso a un buen puñado de arqueólogos disidentes de las corrientes oficiales.

Todo comenzó, más o menos, con un sueño. Nos referimos al descrito en la estela que Tutmosis IV mandó levantar entre las patas de la Esfinge. La versión más extendida de esta historia cuenta que el futuro faraón, que acababa de participar en una cacería, se quedó dormido a la sombra del monumento, que en aquel tiempo (ci. 1.400 a. C.) aún estaba parcialmente enterrada.

Según el relato, el entonces príncipe tuvo un misterioso sueño en el que se le aparecía un león y éste le anunciaba que reinaría muy pronto. La traducción aproximada de la estela es como sigue: «Mírame, contémplame, oh, mi hijo, Thutmosis, yo soy tu padre Ho-Ajty, Khepri, Ra, Atum, te otorgaré la realeza sobre la tierra de la cabeza de los vivientes, tú llevarás la Corona blanca y la Corona roja sobre el trono de Geb, príncipe de los dioses. He aquí que, ahora, la arena del desierto me atormenta, la arena por encima de la cual yo estaba en otro tiempo. Ocúpate de mí a fin de que puedas hacer cumplir mis deseos. Sé que tú eres mi hijo y mi protector. Aproxímate a mí y mira: yo estoy contigo y seré tu guía».

> «La idea de que la Esfinge esconda galerías y cámaras subterráneas ha atraído a un estimable número de investigadores independientes e incluso a arqueólogos disidentes de las corrientes oficiales.»

Amén de que del contenido de la estela podamos inferir que Tutmosis no estaba bien posicionado en la línea de sucesión dinástica, lo que realmente nos interesa de la conocida como Estela del Sueño son los relieves que aparecen justo encima del texto, grabados que muestran al faraón en actitud de realizar una ofrenda ante, precisamente, la representación de una esfinge.

Por una parte, llama la atención que la imagen aparezca por duplicado; esto es: hay dos faraones y sendas esfinges como semejando una ilusión especular. No obstante, los detalles del grabado son altamente realistas. La efigie del felino es muy similar a la verdadera Gran Esfinge, excepto por un más que misterioso detalle: la estatua que muestra la estela se asienta sobre un gran edificio, una especie de palacio o, por qué no, una biblioteca arcana. Pero, ¿acaso hubo dos esfinges, una opuesta a la otra? Y, ¿hay una construcción arquitectónica enterrada justo bajo la actual Esfinge de Guiza?

En realidad, las especulaciones acerca de que bajo la Gran Esfinge y otras áreas monumentales de Egipto se ocultan gigantescos edificios, intrincadas cámaras, tumbas de reyes desconocidos, misteriosos archivos inscritos en las piedras o incluso fabulosos tesoros vienen de muy antiguo. Además, algunos de los autores de dichos relatos, en su mayoría respetados clásicos, abundan en que aquellas proezas arquitectónicas superaban a cualquiera conocida y que daba la impresión de que sus autores no fueran humanos.

ARCHIVOS SUBTERRÁNEOS

Pirámide de Amenemhat III y restos del complejo funerario o "laberinto" de Hawara, en El Fayum (Egipto).

Heródoto, en su obra *Los nueve libros de la Historia*, hace una pormenorizada descripción de su viaje al lago Meris, en el actual distrito de El Fayum (Delta del Nilo), visita que realizó en el siglo V y en la que le informaron de la existencia de un gigantesco laberinto en las inmediaciones del lago. Heródoto habla del lugar con una mezcla de admiración y miedo. «Quise verlo por mí mismo —escribe el afamado autor griego—, y me pareció mayor aún de lo que suele decirse y encarecerse. Me atreveré a decir que cualquiera que recorriese las fortalezas, muros y otras fábricas de los griegos, que hacen alarde de su grandeza, ninguna hallará entre todas que no sea menor e inferior en costa y en trabajo a dicho laberinto. Vi doce palacios ubicados regularmente, los cuales estaban comunicados unos con otros, intercalados por terrazas dispuestas alrededor de doce salas cada una. Me resulta difícil creer que fueran obra del hombre. Cerca de la esquina donde concluye el laberinto, vi una pirámide de doscientos cuarenta pies de altura, con enormes figuras de animales talladas y un pasadizo subterráneo por el cual se puede entrar. Personas muy creíbles me dijeron que aquellas cámaras y pasajes subterráneos conectaban esta pirámide con las de Menfis».

Los sacerdotes que custodiaban el laberinto no permitieron a Heródoto penetrar en los espacios sagrados, «pues albergaban las tumbas de los reyes que los mandaron construir y las de los cocodrilos sagrados», pero supo por ellos que se dividían en 1.500 cámaras subterráneas donde se guardaban manuscritos de periodos muy arcaicos, cámaras que tenían su correspondencia en otras tantas ubicadas en la superficie y que Heródoto sí pudo contemplar con igual asombro.

Dos siglos después, otro autor griego, Crantor de Cilicia, seguidor de Platón y defensor de la historicidad de los relatos sobre la Atlántida, presumiblemente viajó a Egipto en busca de evidencias que avalaran la existencia de dicha civilización, pues creía que los grandes monumentos egipcios estaban interconectados por una vasta red de canales subterráneos y que en estos pasadizos, concretamente en pilares de piedra, permanecía grabada la prehistoria de la humanidad o, lo que es igual, los registros de una civilización perdida que Crantor identificaba con la Atlántida. En sentido similar, el filósofo neoplatónico Jámblico habría señalado la Gran Esfinge de Guiza como uno de los principales accesos a ese supuesto inframundo, protegido por dos puertas de bronce.

Basten estas referencias para hacernos una idea de que, como ya he mencionado, la idea de que la Esfinge contiene algo valioso en su interior no es nueva. Pero, ¿qué han aportado las modernas tecnologías a este respecto?

Lógicamente, cualquiera imaginaría que la arqueología actual tendría que haberse interesado por descubrir qué había de cierto tras estos relatos, la mayoría firmados por eminentes autores. Sin embargo, las aproximaciones con marchamo oficial a este propósito han sido extrañamente tímidas o accidentales y, sus resultados, imprecisos y desalentadores. Por mencionar la más importante, cabe destacar la que se llevó a cabo en 1980, promovida por el American Research Center en Egipto (ARCE) y el Instituto Arqueológico Alemán de El Cairo, y supervisada por Mark Lehner y Zahi Hawass. En realidad, el propósito de aquella iniciativa, conocida como Sphinx Project, nada tenía que ver con la exploración del subsuelo de la Esfinge, sino con su restauración y conservación. Pero, cierto día, uno de los trabajadores más veteranos del programa, un obrero llamado Mohammed Abd al-Mawgud Fayed que había participado en

> Heródoto describió un gigantesco laberinto subterráneo en las inmediaciones del lago Meris, lugar que le causó tanta admiración como miedo.

tareas de prospección del monumento en 1.926, a las órdenes de Emile Baraize, confesó a Lehner y Hawass que, durante aquella lejana campaña, descubrió una abertura en la parte posterior de la gigantesca escultura.

Intrigados con el relato del obrero, los dos arqueólogos se propusieron comprobar si el supuesto pasadizo seguía allí. Y, en efecto, al poco tiempo, en una sección de la escultura en su parte noroeste, hallaron la abertura a la que se refería Al-Mawgud. Sin embargo, pronto descubrieron que se trataba de dos angostos pasillos con apenas 1 metro de anchura y que finalizaban abruptamente tras un recorrido inferior a aproximadamente cinco metros cada uno.

Por diversos objetos que observaron en el interior de los pasadizos, Lehner y Hawass comprobaron que, en efecto, la expedición de Baraize ya los había explorado con anterioridad. No obstante, concluyeron que los túneles no habían sido practicados en 1.926, sino en tiempos de una dinastía que no pudieron determinar. De igual forma, tampoco lograron dilucidar para qué propósito fueron construidos o si formaban parte de una red de pasadizos o cámaras más amplia.

Claro que, ¿acaso se plantearon Lehner o Hawass ir sólo unos centímetros más allá y descubrir si los túneles continuaban? Conocida la posición ultraortodoxa y fiel a los dogmas académicos de ambos arqueólogos, ya sabemos la respuesta: bajo la Esfinge, excepto por unas pocas cavidades de origen natural, no hay nada.

Afortunadamente, otros investigadores menos dóciles han intentado ir un poco más lejos. Es el caso de los ya citados Robert Schoch y Thomas L. Dobecki, quienes al tiempo que advertían sobre las anomalías en las trazas de erosión de la Gran Esfinge, detectaron una cámara rectangular de doce por nueve metros bajo la pata derecha de la escultura, cavidad que, como geólogos experimentados, vincularon con una habitación artificial.

Antes y después que Schoch y Dobecki, otros científicos hallaron diversos indicios que apuntan a que la Esfinge podría estar horadada por más de una galería. Sin embargo, todavía no hay pruebas irrefutables de que esto sea así y las investigaciones sobre este enigmático coloso parecen haberse estancado, como afectadas por una especie de maldición de los faraones.

En cualquier caso, ¿en qué ayudaría saber si hay algo enterrado bajo la Esfinge? Bien, en primer lugar, descubrir la tumba de algún faraón serviría, tal vez, para datar con precisión el monumento. Pero, ¿y si no es un faraón y se trata de otra cosa?

Cuando Plinio el Viejo describió la enorme escultura, se detuvo en el temor que ésta inspiraba a los habitantes de Guiza: «Merece más consideración y respeto [que las pirámides], pues aún hoy los egipcios pasan ante ella en silencio. Los habitantes de la región la consideran una deidad por sí misma y aseguran que en su interior está enterrado Harmakhis [o *Hor-em-Akher*, por "Horus en el Horizonte"]».

En este punto, conviene recordar que, entre otros nombres, la Esfinge es conocida por la denominación árabe de *Abu Hawl*, que significa literalmente "Padre del Terror", y que los antiguos egipcios la identificaban con el ya citado *Hor-em-Akher* o también, simplemente, con *Seshep Ankh*, esto es: "la imagen del ser" o, más comúnmente, "la imagen de dios vivo".

Otra de las grandes cuestiones que plantea el enigma de la Esfinge es, al fin y al cabo, resolver quiénes fueron sus constructores. Sobre todo si aceptamos que vivieron en un oscuro periodo de la historia de esta vasta región, un tiempo conocido vagamente como Egipto pre-faraónico... Eso si es que no vivieron "antes".

SEGUIDORES DE HORUS

El célebre arqueólogo francés Gaston Maspero (1.846 - 1.916), otro de los grandes pioneros de la egiptología, se preguntaba en la Revue de l'Histoire des Religions por el misterio de los ancestros de los antiguos egipcios y el origen de su religión y sus textos, planteando que «ya estaban establecidos antes de la Primera Dinastía. Si queremos comprenderlos, debemos ponernos en las mentes de quienes los instituyeron, hace más de siete mil años». Como vemos por las palabras de Gaston Maspero, la idea de que el Antiguo Egipto provenía de una civilización más remota no es ni mucho menos nueva.

De hecho, el genial Maspero, padre del término "Pueblos del Mar" y principal impulsor de los trabajos de Sir Flinders Petrie, también sospechaba que la Esfinge ya existía desde los tiempos de los «Seguidores de Horus, una estirpe de seres semidivinos y predinásticos que, según las creencias de los antiguos egipcios, habrían gobernado miles de años antes que los faraones históricos», dejó escrito en *The Dawn of Civilization: Egypt and Chaldea* (1.894), donde añadía: «La Gran Esfinge Harmakhis monta guardia en el extremo norte desde los tiempos de los seguidores de Horus». Un momento, ¿seguidores de Horus? ¿Y a qué tiempos hemos de remontarnos?

> El respetado egiptólogo Gaston Maspero fue de los primeros en subrayar la importancia que para los antiguos egipcios tuvieron los Shemsu Hor, una estirpe de seres semidivinos y predinásticos que gobernaron Egipto mezclándose con naturalidad entre los humanos.

Cuando Maspero habla de los seguidores de Horus, se está refiriendo a los *Shemsu Hor* mencionados en el Canon Real de Turín, esto es, a los enigmáticos compañeros de Horus que gobernaron Egipto durante seis mil años, en un periodo comprendido entre el reinado de los dioses y las primeras dinastías de faraones. Eso es, al menos, lo que se cuenta en este papiro integrado por textos en escritura hierática, documento en el que conviene que nos detengamos unas líneas.

Custodiado en el Museo Egipcio de la capital lombarda, el también conocido como Papiro Real de Turín contiene, básicamente, una relación de los gobernantes del Antiguo Egipto desde Menes (o Narmer) hasta la convulsa XVII dinastía. Aunque el principio y el final de la lista se perdieron, de manera que no conocemos ni la introducción a la misma ni los detalles de los gobernantes que siguieron a la citada XVII dinastía, la relación incluye —en la parte posterior del papiro— a los gobernantes de Egipto antes que Narmer, reyes que, insisto, eran de naturaleza divina, semidivina o no enteramente humana. ¿Cómo debemos interpretar esto último?

Retrato del egiptólogo francés Gaston Maspero (1.883).

Karl Reutlinger (1.816 - 1.890)

Al contrario de lo que sucede con otros papiros, cuyo contenido parece referirse a sucesos legendarios, mágicos o especulativos —o eso es lo que interpretaría un observador pragmático—, muy pocos dudan de la historicidad del Canon Real; esto es: refleja nombres y detalles fidedignos, datos que han podido contrastar los prestigiosos egiptólogos y papirólogos que han tenido acceso al mismo, desde Jean François Champollion hasta Richard Parkinson y Bridget Leach,

> La prevalencia del culto a Horus y los testimonios sobre los Shemsu Hor tienden un puente a la creencia en que entidades con poderes sobrehumanos civilizaron el Antiguo Egipto.

pasando por Giulio Farina y Alan Gardiner, por citar sólo a unos pocos de entre quienes lo han investigado. Así, la opinión generalizada es que el escriba autor del texto, probablemente a las órdenes de Ramsés II, compiló varias listas depositadas en los principales templos de Egipto, limitándose a transcribirlas. La relación de los gobernantes mencionados en el documento es asombrosamente prolija en detalles, a tal punto que los periodos de los reinados están consignados por años, meses e incluso días, lo que da idea de la minuciosidad de sus autores. Se trata, pues, de un informe burocrático cuyo contenido nada tiene que ver con formulaciones esotéricas o recetas mágicas.

No obstante, la arqueología oficial parece menoscabar la relevancia histórica de este manuscrito, tendiendo a pasar por alto su contenido. La razón de tal olvido probablemente tiene que ver con la incómoda "cara b" del Papiro Real de Turín, ésa que otorga rango de gobernantes carnales a personajes poco o nada materiales, como los mitad humanos mitad divinos *Shemsu Hor*.

Que la arqueología oficial haya soslayado el Papiro de Turín no debe sorprendernos. En general, los egiptólogos han despreciado sistemáticamente los textos que contravenían sus tesis. Cualquier evidencia que contradijera su versión de la historia de Egipto ha acabado siendo desprestigiada. Y no sólo ha ocurrido con papiros o grabados. Cuando un investigador ha puesto en duda esa versión oficial, inmediatamente se le ha excluido del *establishment* académico, por mucho que sus propuestas tuvieran el aval de documentos fidedignos o estudios científicos rigurosos.

De ese modo, ocurre que los nombres de Robert Schoch, John Anthony West, Robert Bauval, Graham Hancock y tantos otros, suelen ir acompañados de apostillas como "arqueología alternativa", "pseudociencia", etc. A la arqueología ortodoxa le irritan estos investigadores de mente abierta que no comulgan con los dogmas que venden Mark Lehner y compañía. El caso de Lehner resulta especialmente sangrante, pues él mismo, siendo un joven seguidor de Edgar Cayce, no parecía hacerle ascos a la idea de que la civilización egipcia estuviese conectada con la mismísima Atlántida... Dicho sea con el mayor de los respetos hacia el trabajo de este, sin duda, eminente egiptólogo.

Si me lo permiten, existe un gran problema con Lehner y demás arqueólogos que han investigado o siguen haciéndolo el Antiguo Egipto. Y no se trata de una cuestión menor, pues tiene que ver con el concepto fundacional de la egiptología.

A grandes rasgos, la egiptología es una disciplina moderna, que integra otras ciencias de la antigüedad como la arqueología, la papirología, la epigrafía, etc. Sin embargo, hasta hace muy poco, la generalidad de los egiptólogos rechazaban que el diseño y emplazamiento de las pirámides y templos a lo largo del Nilo tuvieran que ver con la posición de los cuerpos celestes en la época en que fueron erigidos. De hecho, todavía encontramos a egiptólogos que refutan esta visión arqueoastronómica de los monumentos egipcios. Que se lo pregunten a Robert Bauval.

Pero este error de enfoque de la egiptología nace, en nuestra opinión, mucho antes. Veamos, ¿cómo puede una disciplina basada en el método científico dilucidar el misterio de una cultura tan profundamente esotérica como la del Antiguo Egipto? ¿Cómo puede un egiptólogo enfrentarse al enigma de que seres mitad humanos mitad divinos construyeron la Gran Esfinge? En cuanto a lo primero, está claro que el esoterismo escapa al análisis materialista científico. Y en lo que respecta a lo segun-

Amenemhat III, el último gran monarca del Imperio Medio.

do, plantear que entidades no humanas gobernaron en la práctica a seres humanos sería un disparate desde la perspectiva científica. No obstante, sin las ataduras de los dogmas, hagamos un esfuerzo por ubicar en la historia de Egipto a los compañeros de Horus.

Ya he mencionado que el Papiro de Turín sitúa a los *Shemsu Hor* inmediatamente antes de la I Dinastía faraónica, la comenzada por Menes o Narmer. Pues bien, la egiptología aceptó que la cronología establecida por el papiro es correcta, pero sólo de Narmer en adelante. Lo anterior, en cambio, no era historia, sino mitología. Así, el Canon Real es histórico sólo hasta donde les conviene a los egiptólogos. El resto, lo que no pueden confirmar —ni aceptar desde su lógica—, es legendario. Pero, ¿y si no fuera así? ¿Y si todo lo que se cuenta en este papiro fuera cierto?

En este caso, tendríamos que, hace alrededor de 12.000 años, Egipto fue gobernado por unas entidades híbridas dotadas de avanzados conocimientos, tantos como para haber diseñado la Gran Esfinge de Guiza y realizado quién sabe cuántas otras proezas arquitectónicas o tecnológicas.

Paradójicamente, la irrupción de los *Shemsu Hor* se habría producido en los albores de la civilización en el Valle del Nilo, si hacemos caso de la historia aceptada sobre la evolución humana. Así, hace 12.000 años, justo cuando declinaba la última glaciación, la temperatura subió gradualmente en el norte de África —Delta del Nilo incluido—, región que comenzó a recibir importantes precipitaciones que, más tarde, dieron paso a la formación de pastizales con cereales silvestres que atrajeron a gran variedad de animales y éstos, a su vez, a grupos humanos de cazadores-recolectores. Claro está que este complicado proceso no se produjo de la noche a la mañana, sino que duró milenios, estableciéndose el Neolítico egipcio tan "tarde" como hace 6.000 años.

Obviamente, esta última cronología de los hechos no casa con la datación de la Gran Esfinge propuesta por Bauval —alrededor de 10.500 a. C.—, ni mucho menos con la que han sugerido los geólogos ucranios Vjacheslav I.

El Papiro de Turín sitúa a los Shemsu Hor inmediatamente antes de la I Dinastía, la iniciada por Menes.

La egiptología acepta que la cronología establecida en el Papiro de Turín (arriba) es correcta, pero sólo de Menes (o Narmer) en adelante.

Manichev (Instituto de Geoquímica ambiental de la Academia Nacional de Ciencias de Ucrania) y Alexander G. Parkhomenko (Instituto de Geografía de la Academia Nacional de Ciencias de Ucrania), según los cuales la cubeta sobre la que se erigió el monumento ya estaba en Guiza hace ¡800.000 años!

POLÉMICA DATACIÓN

En efecto, recogida por los investigadores Scott Creighton y Gary Osborn en su libro *The Giza Prophecy*, publicado en enero de 2.012, la datación extrema propuesta por los geólogos ucranios

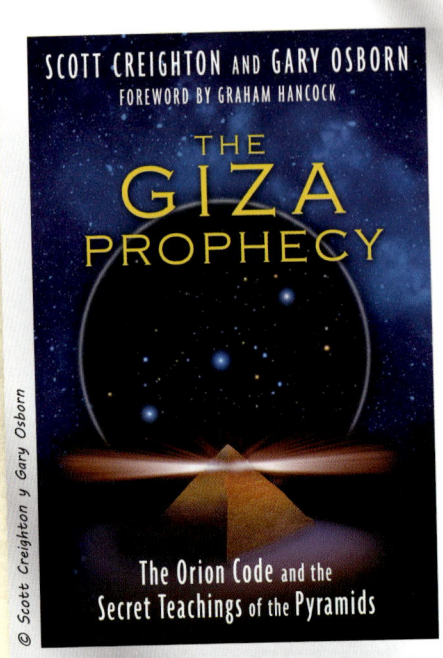

Portada del polémico libro de Scott Creighton y Gary Osborn.

dio que hablar y mucho en los ámbitos académicos, casi siempre para mal. ¡Es un disparate!, opinaban la mayoría de arqueólogos e historiadores. Aunque no todos se tomaron la atrevida hipótesis con tanto escepticismo.

En España, por ejemplo, el prehistoriador y escritor Xavier Bartlett informaba de dicha teoría con la frescura y valentía que le caracterizan, desarrollándola tal y como la expusieron Manichev y Parkhomenko durante la Conferencia Internacional sobre Geoarqueología y Arqueomineralogía celebrada en Sofía (Bulgaria) en 2008. «Las observaciones de Manichev y Parkhomenko se centran en el aspecto muy deteriorado que presenta el cuerpo de la Esfinge —escribe Bartlett—, dejando de lado los rasgos erosivos del recinto o cubeta en que se ubica el monumento, los cuales sí habían sido objeto de estudio por parte de Schoch. Así, los geólogos ucranianos se fijan especialmente en el relieve ondulado que presenta la Esfinge en forma de salientes y oquedades. La explicación ortodoxa para esta acusada característica se basa en el supuesto efecto abrasivo del viento y la arena [...]. Estos geólogos proponen un nuevo mecanismo natural que puede explicar las ondulaciones de la Esfinge. Este mecanismo no es ni más ni menos que el impacto de las olas sobre las rocas de la costa. En concreto, esta acción acuática produce —a lo largo de cientos o miles de años— la formación de una o varias capas de ondulaciones, hecho que es bien visible, por ejemplo, en las costas del Mar Negro [...]. Al final del periodo geológico del Plioceno (entre 5,2 y 1,6 millones de años), las aguas marinas penetraron en el valle del Nilo inundándolo progresivamente y creando en la zona de Guiza grandes depósitos lacustres. De este modo, como se puede observar en la oquedad más alta que presenta la Esfinge, la cota superior a la que habrían llegado las aguas sería de unos 160 metros por encima del nivel actual del mar Mediterráneo. A continuación, Manichev y Parkhomenko, basándose en un trabajo de 1.963 del profesor ruso F. Tseiner que identifica las diferentes fases o niveles de las aguas en el Mediterráneo durante el Pleistoceno [entre 1,6 y 0,01 millones de años], toman la altura de la oquedad superior apreciable en la Esfinge y la relacionan con el nivel de la fase Calabriense, que correspondería —según Tseiner— a una antigüedad de unos 800.000 años».

Al comienzo de este mismo capítulo expongo una cita del célebre historiador cairota Al-Maqrizi (1.364 - 1.442), reflejando una idea asumida por varios cronistas árabes de la antigüedad: las pirámides y monumentos de la explanada de Guiza fueron erigidas en épocas anteriores al Diluvio, de manera que las marcas de erosión en todos estos edificios fueron causadas por el embate de las aguas resultante de aquella gran inundación, se produjese ésta hace 12.000, 20.000 o 70.000 años, por señalar sólo tres de las fechas aproximadas que maneja la ciencia para este cataclismo global.

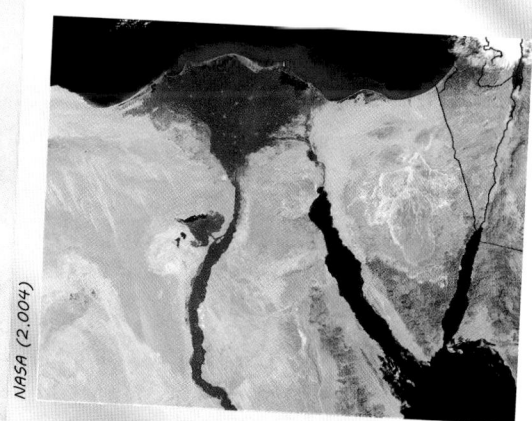

Fotografía satelital del delta y valle del Nilo.

Sea como fuere, si aceptamos las divisiones de la historia de la humanidad para el Antiguo Egipto y situamos a los habitantes de esta región en la Edad de Piedra (IV milenio a. C.), ¿cómo es posible que estos hombres y mujeres recién salidos de las cavernas fueran capaces de construir algo ni remotamente parecido a la Gran Esfinge de Guiza? Algo me dice que la cronología sobre la historia de nuestra civilización está equivocada. O eso o antes que la nuestra existió otra humanidad, una especie de civilización madre altamente evolucionada desde el punto de vista tecnológico y probablemente espiritual.

En el primero de los casos, Heródoto (siglo V a. C.) —a menudo considerado "padre de la Historia"— recogía por boca de los sacerdotes de Tebas una historia de Egipto bien distinta a la que conocemos hoy. Así, el cronista griego se refería a un episodio en el que los sacerdotes tebanos le mostraron 345 estatuas que parecían representar a imponentes dioses. Sin embargo, para sorpresa del historiador, los religiosos apuntaron que no se trataba de dioses, sino que cada coloso simbolizaba cada una de las generaciones de grandes sacerdotes que les precedieron, hasta completar 11.340 años de gobiernos de los hombres. Y subrayaban esto último, "gobiernos de los hombres", para a continuación remarcarle que «antes de estos hombres, los dioses eran quienes reinaban en Egipto, morando y conversando entre los mortales, y teniendo siempre cada uno de ellos un imperio soberano» (*Los nueve libros de la Historia*, libro II, capítulo CXLIV).

© Gérard Ducher (2.006)

Akenatón fue el décimo faraón de la dinastía XVIII del Imperio Nuevo de Egipto. Su reinado está datado en torno a 1.353 - 1.336 a. C.

Por lo anterior, se infiere que los sacerdotes de Tebas distinguían claramente dos rangos de reyes de Egipto: los humanos, que habían gobernado el país desde hacía 11.340 años y los dioses, que no sólo gobernaron físicamente Egipto durante un periodo igual o mayor, sino que lo hicieron mezclándose con aparente naturalidad entre los habitantes del País del Nilo.

Por su parte, Manetón (siglo III a. C.), sacerdote e historiador egipcio que vivió durante los reinados de Ptolomeo I y Ptolomeo II, también se refería a estos dioses y semidioses gobernantes en su obra Aegyptíaka, una especie de cronología que confeccionó a partir de las Listas Reales que le facilitaron los sacerdotes de otros templos. En la misma, Manetón establecía cuatro dinastías anteriores a Menes (dos de dioses, una de semidioses y una cuarta de transición), adjudicando el origen de la civilización egipcia al gobierno de 7 grandes divinidades —Ptah, Ra, Shu, Geb, Osiris, Seth y Horus—, que permanecieron en el poder durante 12.300 años. A continuación, gobernó una segunda dinastía encabezada por el primer Toth e integrada por 12 "faraones" divinos (1.570 años de gobierno), tras los cuales ascendieron al poder 30 semidioses —generalmente identificados con los *Shemsu Hor* y simbolizados por halcones—, que gobernaron el país durante 6.000 años. Tras éstos, siempre según Manetón, se produjo un periodo de caos, hasta que, finalmente, Menes encauzó la situación y logró la unificación de Egipto.

> En 2.014, un expoliador de tesoros que actuaba en los alrededores de El Cairo se topó con un enorme pasadizo subterráneo que apuntaba hacia la explanada de Giza. Son muchos los investigadores que se muestran convencidos de que bajo las pirámides y la Gran Esfinge se oculta una red de túneles aún por descubrir.

Obviamente, la egiptología ortodoxa incluye estas cronologías en la categoría de los mitos, no en la de los sucesos históricos comprobables. Al fin y al cabo, las fuentes que nos ofrecen información sobre los *Shemsu Hor* son ciertamente escasas. Claro que también podemos extraer información sobre los Compañeros de Horus —y sobre los dioses que gobernaron Egipto— de las obras que nos legaron estos misteriosos personajes, construcciones que, en todos los

El Nilo visto desde el templo de Isis. Su actual emplazamiento es la isla Agilkia.

casos, se erigieron siguiendo un "plan estelar", como ha quedado atestiguado por los estudios arqueoastronómicos de estos monumentos.

De confirmarse la datación extrema de la Gran Esfinge o, cuanto menos, la propuesta por Bauval, los arquitectos de estas imponentes maravillas sin duda tendrían más de celestes que de humanos.

En el capítulo anterior mencionaba a Mark Lehner, quien, al ser preguntado por la relación entre los constructores de Nabta Plata y los del Antiguo Egipto, respondía: «No se puede ir directamente de estos megalitos a la pirámide de Dyesser». Querido Sr. Lehner, ya le gustaría que la distancia fuese tan corta.

capítulo VI

ÇATAL HÖYÜK: EL SANTUARIO DE LA DIOSA MADRE

«Tendremos al menos que desechar nuestra idea de tribus primitivas acechando en la oscuridad de la prehistoria, esperando a que las iluminen nuestras mentes civilizadas».

Anne Baring y Jules Cashford (*El mito de la Diosa*).

Puente de Konya; © ozguroral (págs 144-145)
Detalle del mural que muestra los uros, un ciervo y cazadores; Omar Hoftun (pág 156)
Mujer sentada de Çatal Höyük; © Roweromaniak (pág 159)
Mural de Çatal Höyük excavado por James Mellaart; © Omar Hoftun (pág 163)

Miles de personas visitan Konya (Turquía) para rezar ante la tumba de Celaleddin Mehmet Rumi, el célebre místico de origen persa.

Emulando a los comerciantes que siguieron la Ruta de la Seda en su trazado por Anatolia Central, millones de turistas recorren todos los años el ingente patrimonio arquitectónico y artístico de Turquía. Si tomamos Capadocia como punto de origen y nos desplazamos hacia el oeste imitando a aquellos industriosos otomanos, inevitablemente haremos parada en Konya, milenaria capital de la vasta provincia homónima que, según una leyenda frigia, habría sido la primera en emerger de las aguas tras el Diluvio Universal.

Entre otros atractivos, en esta populosa ciudad —casi un millón de habitantes— vivió y murió Celaleddin Mehmet Rumi (1.207 - 1.273), místico persa mejor conocido por el sobrenombre de *Mevlana* —"Nuestro Señor" en árabe—. Además de un museo y un mausoleo de enormes dimensiones, el legado de Rumi en Konya adopta la dinámica apariencia de los derviches giróvagos, danzantes de la orden sufí Mevleví, cuyo hipnótico ritual y peculiar indumentaria resultan un icono de la marca Turquía.

Pero esta provincia esconde un aliciente mucho menos popularizado, a trasmano de los itinerarios turísticos y, sin embargo, de una trascendencia invaluable. Estoy refiriéndome al sitio arqueológico de Çatal Höyük, el misterioso asentamiento neolítico que, en

> Çatal Höyük es un misterioso asentamiento neolítico que, en opinión de muchos expertos, se constituyó en la primera aglomeración urbana de la humanidad.

opinión de muchos expertos, se constituyó en la primera aglomeración urbana de la humanidad (o "ciudad", aunque este término se presta a polémicas entre esos mismos especialistas).

Ubicada a poco más de 40 kilómetros al sureste de Konya, acceder a Çatal Höyük está al alcance de todos. No es que los tour-operadores tengan este sitio entre sus opciones preferentes para el turista convencional, pero hay paquetes que lo incluyen como extra. O siempre se puede ir por libre, alquilando un coche y viajando desde donde uno prefiera. Por cierto, nunca descarten hacerlo desde Ankara, la capital turca. Son 261 kilómetros por buenas carreteras y, además, es precisamente en Ankara, en su Museo de la Civilización de Anatolia (Anadolu Medeniyetleri Muzesi), don-

Excavaciones en el área sur de Çatal Höyük que continúan en la actualidad (Turquía, 2003).

de pueden verse las piezas más interesantes recuperadas en Çatal Höyük, además de otras muchas maravillas de la antigüedad. Pero vayamos con el yacimiento.

Fallecido en julio de 2.012, James Mellaart (en el medio) ha pasado a los anales de la arqueología como descubridor del importantísimo yacimiento de Çatal Höyük.

Debemos su descubrimiento al célebre arqueólogo británico James Mellaart (1.925 - 2.012), quien se encontraba en el área en noviembre de 1.958, junto con los también arqueólogos David French y Alan Hall, todos ellos pertenecientes al Instituto Británico de Arqueología, con sede en Ankara.

Según el relato del propio Mellaart, el hallazgo se produjo de forma casual, cuando al examinar unos restos esparcidos en el terreno, en la parte inferior del peculiar montículo doble de Çatal Höyük, comenzaron a detectar señales inequívocas de la importancia del yacimiento: «Muchos de los túmulos de oriente medio [neolíticos] estaban cubiertos de césped y 'ruda siria' [*peganum harmala*], y aunque los frecuentes vientos del suroeste habían pelado su superficie, al pie de los mismos se veían las inconfundibles trazas de edificios de adobe, cuyas manchas rojizas causadas por la acción del fuego contrastaban con parches de ceniza gris, huesos triturados y fragmentos de cerámica, herramientas de obsidiana y armas. Para nuestra sorpresa, [en Çatal Höyük] encontramos todas estas evidencias no sólo en la parte inferior del montículo, sino en la pendiente y hasta en la cima, a unos 15 metros sobre el nivel de la llanura», detallaba Mellaart (Çatal Hüyük: a neolithic town in Anatolia, 1.967).

Quizá el descubrimiento de aquellas evidencias, sobre todo la obsidiana, le recordaran a Mellaart que, no muy lejos de allí, hacia el noreste, se erguía poderosa la segunda montaña más alta de Anatolia Central, el Hasan Dagi (3.243 m); en realidad es un volcán que había entrado en erupción hacia el 7.500 a. C., y que, más que probablemente, era el origen de la obsidiana que acababa de descubrir.

El yacimiento de Çatal Höyük con el aspecto que presentaba en el momento de las primeras excavaciones.

Mellaart comenzó a componer un mapa mental de la región en el pasado. Observó que aún estaba parcialmente inundada, concluyendo que en tiempos remotos debió ser una zona propicia para las actividades agrícola y ganadera. De hecho, el montículo doble que tenía ante sí, pocos metros bajo el cual se hallaba el yacimiento, estuvo dividido en época prehistórica por un canal del río Çarçamba, favoreciendo aún más el establecimiento de un campamento humano con vocación de permanencia.

Algún tiempo después, el arqueólogo británico averiguaría que, justo bajo sus pies, dormían los restos de una civilización ignota que habría surgido hace aproximadamente 9.500 años. Pero esta cultura, oficialmente adscrita al periodo Neolítico precerámico, no admite una catalogación sencilla, como veremos a continuación.

CASAS SIN PUERTAS

En su momento de mayor apogeo, Çatal Höyük ocupó unas 13 hectáreas de extensión, bastante más de lo que se supone abarcaron otros núcleos humanos en la misma época. Su población también excedió las cifras habituales, pues se estima que entre sus muros llegaron a convivir alrededor de 10.000 individuos, que prosperaron extrañamente hacinados en mitad de aquella llanura prácticamente inhabitada. Generación tras generación, los ciudadanos de Çatal Höyük construyeron sus casas exactamente en el mismo lugar donde lo hicieron sus antepasados. Derribaban una vivienda para edificar otra igual sobre los cimientos de la anterior. De hecho, Mellaart descubrió hasta doce ciudades superpuestas, aunque hoy sabemos que pudieron ser más. ¿Por qué decidieron vivir amontonados teniendo tanto terreno a su disposición? Nadie puede explicar este enigma... ni muchos otros sobre esta urbe.

Probablemente por cuestiones de seguridad, los habitantes de la ciudad utilizaban escaleras —que ponían y retiraban— para acceder a las terrazas. Estas mismas razones explicarían que las viviendas de Çatal Höyük carecieran de puertas y ventanas.

Un muro ciego rodeaba en su totalidad el perímetro de Çatal Höyük y, por si fuera poco, no había calles ni pasadizos entre los edificios. De hecho, las viviendas se construyeron mediante un sistema de medianería; esto es: las unas pegadas a las otras, compartiendo paredes y, en ocasiones, techumbres, pero sin puertas, como si de una colmena humana se tratara. ¿Por dónde accedían a sus casas los habitantes de esta peculiar ciudad, sin calles ni, obviamente, puertas exteriores? La respuesta, más o menos evidente, es: a través de los tejados. En efecto, en la parte superior de las edificaciones se practicaron aberturas que servían como chimeneas, sistemas de ventilación y, de hecho, facilitaban a sus moradores la conexión con el interior de las habitaciones gracias a rudimentarias escaleras de madera y juncos.

A propósito de esto último, también sabemos que los habitantes de Çatal Höyük hacían vida en las azoteas de sus viviendas, donde comían y, probablemente, socializaban con sus vecinos. Además, éstas les servían para desplazarse de un sitio a otro de la población y, cuando era necesario, para acceder al exterior del perímetro. ¿Por qué eligieron esta disposición urbanística, que ahora se nos antoja ciertamente extraña? Parece claro que los ciudadanos de esta urbe no estaban solos en la planicie de Konya, donde seguro merodeaban animales salvajes y quién sabe qué otros enemigos insospechados...

Pero si estas características nos resultan llamativas, lo son todavía más las concernientes al diseño de las viviendas de Çatal Höyük. Un vistazo a su interior acrecienta el misterio de cómo funcionaban aquellas mentes neolíticas supuestamente primi-

Interior de una vivienda restaurada en Çatal Höyük, con la escalera que servía para acceder a la azotea.

> Los habitantes de Çatal Höyük pasaban gran parte del tiempo en las azoteas de sus viviendas. Curiosamente, esta práctica continúa vigente en muchos lugares de la región.

tivas. Construidas con adobe y entramados de madera, la planta de todas ellas tenía forma rectangular, con ligeras variaciones en cuanto a su tamaño promedio. En relación a su contenido, las paredes —algunas con hasta tres metros de altura— estaban cuidadosamente enlucidas. Carentes de ángulos rectos, los remates de las esquinas eran suaves, proporcionando al conjunto una insólita apariencia de modernidad.

Las casas presentaban una amplia habitación central, alrededor de la cual se añadieron piezas más pequeñas. Al modo de los muebles actuales, la sala disponía de plataformas elevadas que servían para sentarse, comer y dormir. Además, no faltaba un horno para cocinar. Las habitaciones anexas servían como almacenes, probablemente para guardar diversos útiles y almacenar el grano y otros alimentos.

Otra particularidad que sorprendió y sigue intrigando a los arqueólogos fue la ausencia de desperdicios o basura en el interior de las viviendas. Los habitantes de Çatal Höyük eran extremadamente pulcros, pues arrojaban los residuos en áreas específicas de la ciudad o más allá del muro perimetral que la defendía.

No ocurría lo mismo con los cadáveres de sus fallecidos, que eran enterrados en las casas. De hecho, se han hallado restos humanos debajo de las plataformas que servían como camas y, más frecuentemente, bajo las cocinas u hornos. Las personas de esta ciudad extremaron el cuidado a la hora de sepultar a sus fallecidos. Se han encontrado cadáveres completos o restos parciales en el interior de cestos o envueltos en esteras. Los cuerpos fueron plegados hasta el límite, quizá por razones de espacio. No en vano, bajo una sola vivienda han llegado a descubrirse hasta treinta individuos. Por otra parte, la apari-

> «Eran extremadamente pulcros, pues arrojaban los residuos en áreas específicas de la ciudad o más allá del muro perimetral que la defendía.»

ción de esqueletos desarticulados sugiere que fueron expuestos en el exterior del poblado, probablemente en aras funerarias, donde buitres y otras alimañas cumplieron un importante papel en la ceremonia de la excarnación, una práctica ritual relativamente frecuente durante el Neolítico y el Calcolítico. Misteriosamente, muchas de las tumbas se removieron con posterioridad al proceso de enterramiento. El objeto de esta costumbre era recuperar el cráneo del difunto para someterlo a algún tipo de ceremonia. Así, entre el mobiliario de las habitaciones aparecieron varias calaveras que habían sido emplastadas y pintadas, como para recrear el aspecto del finado en vida, quizá una maniobra simbólica de resucitación. Singularmente, la mayoría de estos cráneos no estaba en el lugar donde fue depositado inicialmente el cadáver al que pertenecían, sino en otra vivienda alejada de aquél, circunstancia que subraya la complejidad en los rituales de aquellas gentes.

> Si ya resulta sorprendente que los habitantes del lugar enterrasen a sus muertos bajo el suelo de sus casas, aún lo es más que algunos de los fallecidos no tuvieran relación familiar con los ocupantes de las viviendas donde estaban sepultados. O eso se deduce de recientes análisis de ADN.

Una vez reconstruidas, las habitaciones de Çatal Höyük tiene un aire de indudable -y chocante- modernidad.

Es más, recientemente, los doctores Marin A. Pilloud y Clark Spencer Larsen, dos antropólogos forenses de las universidades de San Jose y Ohio, ambas en EEUU, que examinaron restos de piezas dentales de 266 individuos de Çatal Höyük, llegaron a una sorprendente conclusión: los cadáveres sepultados bajo cualesquiera de las casas de esta ciudad —salvo alguna excepción—, no estaban relacionados biológicamente entre sí. Por ejemplo, según informaba en el American Journal of Physical Anthropology, los investigadores descubrieron que un niño de ocho años había sido enterrado lejos de donde lo estaban sus padres o parientes cercanos. ¿Por qué este extraño comportamiento? Pilloud y Larsen creen que los habitantes de Çatal Höyük advirtieron que los lazos familiares no bastaban para sostener la cohesión de aquella sociedad singularmente compleja. «Seguramente porque sus familiares biológicos no eran lo bastante numerosos, pensaron que era mejor pedir ayuda a otros individuos o grupos, sobre todo cuando tenían que afrontar tareas como llevar a pastar al ganado o cosechar los campos», explicaba Pilloud en el portal web LiveScience.

> Las relaciones sociales en Çatal Höyuk eran llamativamente complejas. No en vano, los intentos por descifrar aquellas «mentes neolíticas» siguen ocupando miles y miles de páginas de sesudos estudios.

En esas mismas páginas, Ian Hodder, profesor de la Universidad de Stanford y director de las excavaciones, no ocultaba su asombro: «Es desconcertante. Normalmente, los arqueólogos tenemos que inferir qué se oculta tras las relaciones biológicas; pero este hallazgo supera nuestros esquemas. De alguna manera, estos resultados son contraintuitivos. Ciertamente, no son lo que esperábamos».

> «Hodder apunta a que pudo existir un sistema de co-propiedad de dichos recursos, similar al de las cooperativas actuales.»

En realidad, Hodder ya debe estar acostumbrado a las sorpresas. Antes de este hallazgo, él mismo y otros investigadores sugirieron que la sociedad de Çatal Höyük se estableció siguiendo parámetros anómalos, quizá basados en la pertenencia de sus miembros no a grupos familiares convencionales, sino a las casas físicas y a lo que éstas contenían, bienes que probablemente se trasmitían por herencia a quienes explotaban los recursos o mediante otros procesos que desconocemos, sin importar —y eso es lo significativo— las relaciones biológicas. De hecho, Hodder apunta a que pudo existir un sistema de co-propiedad de dichos recursos, similar al de las cooperativas actuales. Otra de las características más significativas que remarcan el grado de civilización de Çatal Höyük, tiene que ver con los objetos que fabricaron sus habitantes y las sugerentes pinturas que decoraban el interior de sus viviendas.

EL PRIMER PAISAJE DE LA HUMANIDAD

Cuando James Mellaart comenzó a excavar este lugar, en 1.961, tres años después de haber descubierto los artefactos de obsidiana que delataban el asentamiento, halló varios fragmentos de cerámica sin decorar, pertenecientes a rudimentarias cazuelas

Conforme avanzaban las excavaciones, Çatal Höyük iba adquiriendo la apariencia del asentamiento "urbano" que fue.

para cocinar. No era gran cosa, debió pensar. Sin embargo, sólo 72 horas más tarde, uno de los miembros de su equipo le avisó visiblemente alterado. «A la jornada siguiente de nuestra llegada a Çatal Hüyük —relataba Mellaart para Science et vie—, un operario turco dio con un elemento extraño. Se trataba de una pared recubierta de yeso, pero bajo éste se adivinaba una superficie pintada de rojo. La idea de que los hombres del Neolítico acerámico hubiesen pintado las paredes de aquella manera llegó a obsesionarme. De modo que pensé que estábamos ante una vivienda excepcional, pertenecientes a una de las infrecuentes aldeas de aquel tiempo. Dos días después, la pared quedó completamente expuesta y comprobé que la tintura no cubría al completo la superficie del muro, sino que en realidad perfilaba el cuerpo de un animal sobre un fondo rojizo. Habíamos descubierto una pintura prehistórica».

Mellaart tenía sobrados motivos para asombrarse. Ante sus ojos estaban no sólo las pinturas más antiguas datadas en el Neolítico, sino las primeras realizadas por un ser humano no en una cueva, sino en las paredes de una vivienda convencional.

Aquel primer fragmento desvelado representaba a un cérvido y a un cazador. Poco después, aparecieron otras pinturas más significativas, con hombres interaccionando con animales, montando a horcajadas sobre ellos, tirándoles de la cola o de la lengua. O mujeres en actitud de parir, que parecen dar a luz a bóvidos astados. También había numerosos buitres, hombres-pájaro —probablemente chamanes—, danzantes, hombres con trajes de leopardo. Otras figuras más inquietantes mostraban a humanos decapitados, cadáveres devorados por los buitres, leopardos junto a cabezas humanas... Y entonces surgió una pintura que, todavía hoy, está envuelta en la polémica. Mellaart no dudó de que se trata del primer paisaje de la historia de la humanidad. En efecto, la escena parece recrear la silueta del volcán Hasan Dagi y, bajo el mismo, se ve un extraño patrón de formas geométricas que, en opinión de este arqueólogo, representaría el plano urbano de la propia Çatal Höyük.

Algunos investigadores creen que estos dibujos no son la representación de conceptos abstractos, sino de objetos reales como mapas o paisajes. Así, en una de las paredes se mostraría el picudo volcán Hasan Dagi.

Característicos bucráneos de Çatal Höyük expuestos en el Museo de la Civilización de Anatolia.

Además de este pretendido primer paisaje o mapa de la historia, las excavaciones sacaron a la luz cabezas de toro hechas con arcilla —lo que en arquitectura se conoce como bucráneos—, pero con cuernos reales; y numerosas figuras femeninas, la mayoría de las cuales mostraban a mujeres con el vientre y los pechos abultados. La más conocida de estas últimas —que a la postre se convertiría en símbolo de Çatal Höyük— representa a una típica Diosa Madre sedente. La imponente mujer, sentada en un trono flanqueado por dos leopardos, fue hallada en el interior de un recipiente utilizado para almacenar el grano, lo que persuadió a James Mellaart de que se trataba de una deidad relacionaba con las cosechas y, por extensión, con la fertilidad. ¿Fue la de Çatal Höyük una civilización matriarcal? ¿Constituye su estatuilla de la diosa madre la primera evidencia de una religión establecida?

> Además de pinturas indescifrables, en Çatal Höyük se han recuperado interesantes objetos decorativos. En el caso de los denominados bucráneos, el interés particular por los cuernos de los toros estaría relacionado con la peligrosidad de estos animales, esto es: con la dominación de lo salvaje.

Capítulo VI: Çatal Höyük: el santuario de la Diosa Madre

En tiempos más recientes, el descubrimiento de otras decenas de esculturas con modelos masculinos pone en tela de juicio que este asentamiento se erigiera para glorificar a la Diosa, como pretendía Mellaart y siguen sosteniendo numerosos investigadores y conocidos antropólogos. No obstante, en la actualidad son muchos los visitantes que acuden al sitio para celebrar la deificación de lo femenino. Sea como fuere, existe consenso acerca de que en Çatal Höyük prosperó una sociedad perfectamente organizada, basada en la cooperación e inopinadamente igualitaria.

> Resulta llamativo encontrar arcaicas pinturas de manos en las mismas paredes donde se dibujaron extrañas representaciones geométricas, si bien todas ellas parecen tener que ver con un código de comunicación.

Antes de que las autoridades turcas prohibieran a Mellaart continuar con las excavaciones —a causa de un oscuro episodio relacionado con el tráfico de antigüedades—, éste y su equipo desenterraron alrededor de doscientas viviendas, cuarenta de las cuales —las de mayores dimensiones— presentaban sofisticadas pinturas y ciertos detalles en su decoración que le hicieron pensar que se trataba de edificios públicos o, más concretamente, de templos o santuarios.

Ian Hodder no comparte esta hipótesis. En su opinión, nada demuestra que los edificios de Çatal Höyük no sean sino de uso residencial. Sin embargo, sí concede que aquella cultura practicó rituales complejos, ricos en sím-

> La abundancia de pequeñas estatuillas representando a la típica diosa de la fertilidad ha persuadido a más de un arqueólogo de que en Çatal Höyuk funcionó una sociedad eminentemente matriarcal.

bolos, como las numerosísimas manos pintadas que aparecen diseminadas por todo el recinto, pero, sobre todo, en las áreas donde se hallaron más cuerpos humanos enterrados. De lo que no hay duda es del asombroso grado de civilización de esta enigmática cultura de Anatolia, que floreció 4.000 años antes que la de Cnosos y 2.000 años antes que la sumeria Eridu. Las evidencias de las que disponemos resultan apabullantes. Por ejemplo, sabemos que los pobladores de Çatal Höyük cultivaban al menos tres variedades de cereal, leguminosas como lentejas, guisantes y garbanzos, y elaboraron aceites, cerveza y vino. Además de estos alimentos, su dieta incluía manzanas, pistachos y almendras y, sobre todo, carne y pescado en abundancia.

Curiosamente, aunque la mayor parte de estas proteínas provenía de la caza y la pesca, hay pruebas de que domesticaron ovejas y bóvidos. Por otro lado, la cercanía de una fuente de obsidiana —el mencionado volcán Hasan Dagi— les animó a tallar objetos con este material, como puñales, lanzas e incluso espejos. Al mismo tiempo, elaboraron recipientes y adornos de cerámica, prendas

El arqueólogo británico James Mellaart frente a uno de los muros del yacimiento de Çatal Höyük.

textiles y joyas hechas con cobre y plomo, estas últimas gracias a sus asombrosos conocimientos en metalurgia. ¿Qué hacían con todos estos objetos? El hallazgo en este asentamiento de artefactos hechos con perlas y conchas marinas demuestra que mantuvieron frecuentes contactos comerciales con otros pueblos de Asia Menor y, tal vez, más alejados. Los investigadores coinciden en que fue precisamente este nivel de prosperidad material lo que permitió que los habitantes de Çatal Höyük dedicaran buena parte de su tiempo a actividades de índole espiritual y artística.

> «El hallazgo en este asentamiento de artefactos hechos con perlas y conchas marinas demuestra que mantuvieron frecuentes contactos comerciales con otros pueblos de Asia Menor y, tal vez, más alejados.»

En este sentido, tal y como informara en su día el diario The New York Times, es interesante subrayar uno de los últimos hallazgos en el sitio. En concreto, el de una pintura completa que, en palabras del director de las excavaciones, Ian Hodder, es la mejor preservada de las encontradas hasta hoy. «Inicialmente no parecía gran cosa —explicaba Hodder—, pero después vimos aquellos colores maravillosamente frescos, brillantes, con líneas muy ordenadas. Es, de lejos, la pintura más intrincada y elaborada que hemos recuperado desde mediados de los años 90».

En relación al significado de la misma, Hodder reconocía la dificultad que entraña su interpretación: «Muchas de las pinturas de Çatal Höyük son extremadamente raras, llenas de ambigüedad. En cuanto a ésta, su diseño geométrico podría ser meramente decorativo, aunque también barajamos la posibilidad de que represente una especie de estructura, probablemente un plano».

La prudencia de Hodder está en la antípodas de la audacia que caracterizó las interpretaciones de su predecesor en la década de 1.960. En opinión de James Mellaart, la sociedad de Çatal Höyük fue tan compleja como las muy posteriores de Cnosos o Eridu, con la diferencia sustancial de que esta ciudad-estado de Anatolia floreció —como ya he mencionado— miles de años antes. ¿Cómo si no pudo organizarse una población de 10.000 individuos? ¿Por qué su estricto orden arquitectónico y su arte homogéneo?

Según Mellaart, una élite centralista, probablemente una casta sacerdotal lideró los designios de la urbe, obedeciendo a unas pautas y comportamientos que, todavía hoy, escapan a nuestra comprensión. Desde hace décadas, investigadores de todos los ámbitos —científicos y no científicos— tratan de responder a varias e inquietantes cuestiones relacionadas con el Neolítico, ese periodo clave en la historia de la humanidad: ¿qué sucedió hace aproximadamente 9.500 años, coincidiendo más o menos con el colapso drástico de la última glaciación?, ¿qué empujó a nuestros ancestros, cazadores-recolectores, a construir viviendas, erigir templos y honrar mediante rituales complejos a extraños dioses?, ¿qué encendió la chispa de aquel conocimiento y tecnología repentinos que, desde cierta perspectiva, surgió de la noche a la mañana?

En *Dentro de la mente neolítica: conciencia, cosmos y el mundo de los dioses* (Ediciones Akal), obra de los arqueólogos cognitivos David Lewis-Williams (también autor de la imprescindible *La mente en la caverna*) y David Pearce, se analizan algunas de las misteriosas representaciones artísticas descubiertas en Çatal Höyük. En relación con las figuras femeninas que aparentemente están dando a luz a unos toros, que los autores subrayan como ejemplo de la complejidad de las nociones neolíticas del nacimiento, podemos leer lo siguiente: «Como poco, podemos decir que nacimiento, como concepto general, significaba más para las gentes de Çatal Höyük que traer niños humanos al mundo. Es muy posible que el nacimiento subterráneo de animales en este asentamiento a partir de figuras humanas estuviera relacionado con el nacimiento de chamanes, cuyas criaturas de poder iban a ser esos mismos animales y a cuya forma ellos podrían cambiar. Del mismo modo que los chamanes Barasona son jaguares, los chamanes de Çatal Höyük habrían sido toros». En este mismo libro, el arqueólogo Ian Hodder aporta su granito de arena en la interpretación de la destacada imaginería femenina del sitio, citando tres elementos: la presencia de picos, colmillos y dientes mortíferos en representaciones de senos humanos escul-

> Las relaciones sociales en Çatal Höyuk eran llamativamente complejas. No en vano, los intentos por descifrar aquellas «mentes neolíticas» siguen ocupando miles y miles de páginas de sesudos estudios.

pidos en yeso; la relación entre figuras femeninas y leopardos, y –por último y nuevamente– las figuras femeninas que están dando a luz a animales. Todo ello, en opinión de Hodder, implicaría que la mujer en Çatal Höyük estaba asociada al peligro, encarnando la animalidad no domesticada.

Además de la aparente prevalencia de lo femenino, en esta urbe de Anatolia hay fuertes indicios de la correlación entre prácticas chamánicas y consumo de sustancias psicotrópicas. En este sentido, no parece casual que en muchos túmulos neolíticos se haya detectado la presencia de harmal o *ruda siria*, la hierba a la que se refería el propio Mellaart unos párrafos más arriba de este mismo capítulo. Porque esta planta, endémica de las regiones comprendidas entre el este del Mediterráneo e India, es citada a menudo en manuales de etnobotánica, dado su frecuente uso como enteógeno. ¿Conocían los chamanes de Çatal Höyük las propiedades del harmal o de otras hierbas, cuyo consumo propiciaba estados alterados de conciencia? ¿Acaso el manejo, control y distribución de estos enteógenos les proporcionó el estatus superior del que disfrutaban? ¿Son las extrañas manifestaciones artísticas de Çatal Höyük el resultado del consumo de estas sustancias? La respuesta a las cuestiones anteriores, si bien no explicaría en su totalidad el amplio rango de misterios que rodean a estos núcleos humanos, podría ser afirmativa.

SUSTANCIAS PSICOTRÓPICAS

El harmal o ruda siria (en la imagen) continúa utilizándose en Turquía como talismán contra el mal de ojo.

La presencia de sustancias psicotrópicas en sitios arqueológicos está ampliamente documentada. El célebre paleoantropólogo y arqueólogo estadounidense Ralph S. Solecki, mientras excavaba en el yacimiento de Shanidar, en los montes Zagros (Kurdistán iraquí), descubrió restos de Ephedra distachya junto al esqueleto de un neandertal adulto y, como es sabido, del principio activo de este arbusto se obtiene la efedrina, un conocido y poderoso estimulante.

También hay evidencias similares en el sitio megalítico de Balfarg-Balbirnie, en Glenrothes (Escocia), donde se hallaron trazas de beleño negro (*Hyoscyamus niger*) en el interior de un recipiente cerámico acanalado –el característico estilo *grooved-ware* británico– datado hacia el final del Neolítico (2.900 a. C.) –recordemos que el beleño negro, también llamado "hierba loca" es un potente narcótico–. Y en la misteriosa urbe neolítica de Skara Brae (3.100 a. C.), situada en la mayor de las Islas Orcadas (Escocia) –otra vez las Orcadas–, sus habitantes ingerían un brebaje alcohólico al que le añadían cicuta y beleño negro. O en la ciudad-oasis de Merv, fundada en el segundo milenio antes de nuestra era, donde se hallaron recipientes que habían contenido adormidera y efedra, entre otras sustancias probadamente alucinatorias.

Los ejemplos, como digo, son muy numerosos y todo apunta a que Çatal Höyük no fue una excepción. Así lo creen Davis Lewis-

Los habitantes de los asentamientos neolíticos de Balfarg-Balbirnie y Skara Brae ingerían beleño negro (arriba).

Williams y David Pearce, autores de la imprescindible *Dentro de la mente neolítica*, quienes realizan una pormenorizada disección de los extraños diseños geométricos hallados en el yacimiento, equiparándolos con lo que ellos llaman "modelos de consciencia alterada", algunos de cuyos patrones parecen corresponderse con la imaginería alucinada presente en el sitio de Anatolia. Abundando en lo anterior, uno de los murales que describen ambos investigadores, «que incluye pinturas de manos y lo que parecen ser 'flores estilizadas'» —cito textualmente—, podría resultar esclarecedor...

Si acuden a Ankara y visitan el Museo de la Civilización de Anatolia que, como ya he mencionado, conserva buena parte del patrimonio de Çatal Höyük, les aconsejo que se detengan a contemplar uno de los símbolos pictóricos más sugerentes del yacimiento. Me refiero a la representación de dos leopardos enfrentados que presidía una de las grandes salas de Çatal Höyük. Pues

Relieve con los "leopardos enfrentados" de Çatal Höyuk que puede verse en el Museo de la Civilización de Anatolia.

bien, dejando a un lado el simbolismo inherente a los felinos representados, resulta esclarecedor observar los motivos dibujados en el interior de las manchas de los leopardos, pues se trata de una especie de flores con cinco pétalos muy parecidas a las "flores estilizadas" a las que se referían Lewis-Williams y Pearce. No obstante, ¿son flores o acaso estrellas, como las que decoran los templos del Antiguo Egipto?

Por alguna razón, cuando me concentré en la visión de aquellos brotes pentapétalos de color blanco, vino a mi memoria como un flash un apunte botánico: ¡La flor del harmal tiene cinco pétalos! El harmal, ¿qué flor iban a representar los chamanes de Çatal Höyük si no la que les dotaba de poder? Como es sabido, el principal alcaloide del *Peganum harmala* –nombre científico del harmal– es la harmina, un potente psicoactivo que se encuentra en similares cantidades en la *Banisteriopsis caapi*, la liana suramericana de la que se extrae la ayahuasca. Además, llamativamente, lejos de haberse abandonado, el uso del harmal o ruda siria continúa vigente en nuestros días. De hecho, esta hierba continúa utilizándose en Turquía y en Irán como talismán contra el mal de ojo, y muchos turcos queman sus semillas como si de inocuo incienso se tratara...

«[...] resulta esclarecedor observar los motivos dibujados en el interior de las manchas de los leopardos, pues se trata de una especie de flores con cinco pétalos muy parecidas a las "flores estilizadas" a las que se referían Lewis-Williams y Pearce.»

No obstante, una cosa es asumir que los chamanes de Çatal Höyük estaban familiarizados con las drogas y que éstas modificaran temporalmente su percepción de la realidad, y otra establecer una correspondencia entre estos episodios probablemente aislados o ritualizados y la drástica evolución tecnológica del Neolítico, de la que Çatal Höyük constituye un fenomenal ejemplo. Aunque dichas experiencias hubiesen dejado una importante huella en las manifestaciones artísticas y de índole religiosa, ¿qué tienen que ver los procesos alucinatorios de una élite de chamanes con la necesaria organización social que requirió el establecimiento de ciudades como Çatal Höyük?

A propósito de la organización social y la pervivencia de las tradiciones, si han viajado por carretera hasta Konya o, incluso, se han desviado hasta Çatal Höyük, quizá hayan reparado en la peculiar disposición de muchas de las viviendas de esta región. Me estoy refiriendo a que, del mismo modo que en las casas del yacimiento neolítico, los edificios actuales, la mayoría de dos o tres plantas, poseen unas amplias azoteas, someramente amuebladas, en las que las familias gustan de socializar con sus vecinos, como si las terrazas operasen de igual manera que el salón comedor de cualquier vivienda convencional. Es como si el tiempo se hubiese detenido para los habitantes de la provincia o, tal vez, como si actuasen movidos por un impulso atávico que les llevara a imitar el comportamiento de sus remotos ancestros.

Los enfoques más ortodoxos se estrellan contra la deslumbrante realidad de lugares como Çatal Höyük, Nevali Çori y Göbekli Tepe

Animales frecuentemente totemizados, los jabalíes y los ciervos no podían faltar en los muros de Çatal Höyük.

Capítulo VI: Çatal Höyük: el santuario de la Diosa Madre

Un uro sobredimensionado preside esta escena de caza plasmada en una pared de Çatal Höyük.

—enclave este último que trataré en el próximo capítulo—, significativamente todos ellos ubicados en la actual Turquía. En cualquier caso, parece que los teóricos que sitúan el Jardín del Edén en el Cercano Oriente tienen cada vez más argumentos a su favor.

Al menos esto es lo que parecen demostrar las dataciones realizadas en los enclaves antes mencionados que, además de remontar la conocida como Revolución Neolítica milenios antes de lo que se presuponía, añaden más misterio al origen mismo de la humanidad, entroncándolo con la remota existencia de una civilización perdida o, también y por qué no, con la intervención de entidades no terrestres que habrían dirigido o inducido de algún modo la evolución humana, por citar sólo dos de las hipótesis intuitivas —y polémicas— que se barajan para explicar este enigma.

Por especulativas que sean, estas últimas teorías, al menos, responderían al por qué de la brusca aparición de estas sociedades que de tan complejas nos resultan casi alienígenas.

capítulo VII

GÖBEKLI TEPE: DONDE LA HISTORIA SE HACE AÑICOS

«A aquellos que se acercaron al templo subiendo la pendiente, los pilares debieron parecerles gigantes petrificados, cubiertos de animales esculpidos que temblaban a la luz de las llamas, emisarios de un mundo espiritual que la mente humana apenas comenzaba a vislumbrar».

Charles C. Mann (*National Geographic*).

Asentamiento arqueológico de Göbekli Tepe; © Cornfield (págs 170-171)
Vistas de Sanliurfa en Anatolia; © Francisco González (pág 172)
El Hombre de Urfa; © Juan Jesús Vallejo (pág 175)
Museo Arqueológico de Sanliurfa, el sudeste de Turquía; © Klaus-Peter Simon (págs 178-179)
Vista genreal del yacimiento Göbekli Tepe; © Teomancimit (págs 186-187)
Detalle de Göbekli Tepe; © Klaus-Peter Simon (pág 193)
Detalle de Göbekli Tepe; © Klaus-Peter Simon (pág 195)

> Alejada de los circuitos turísticos más amables, Sanliurfa –la antigua Edesa– parece haber renacido gracias al descubrimiento del yacimiento de Göbekli Tepe.

Situada en el área suroriental de Anatolia, en Turquía, la ciudad de Sanliurfa está fuera del circuito turístico de este país, acostumbrado a recibir a millones de visitantes extranjeros todos los años. No obstante, la Sagrada Urfa, que así se traduce su nombre, tiene suficientes atractivos como para merecer perderse entre sus calles. De hecho, desde hace tres o cuatro años, cada vez es más frecuente encontrarse con turistas extranjeros en la localidad, pese a que llegar hasta ella no resulta tan cómodo o fácil como acceder a la cercana Capadocia, visitada por más de treinta millones de turistas cada año.

Sin embargo, es seguro que muchos de ellos cambiarían algunas de las etapas obligadas de los circuitos convencionales que recorren este bello país, por uno o dos días en esta ciudad santa y milenaria, antiguamente conocida como Edesa, nombre que inmediatamente asociamos con importante gestas de tiempos remotos. Porque Sanliurfa conserva mucho de su pasado legendario, un pasado que la vincula a la historia de Mesopotamia y a episodios fundamentales de la tradición bíblica. Los turcos sí lo saben, y son decenas de miles los que acuden a Urfa para impregnarse de la evidente espiritualidad que inunda los rincones del casco antiguo de la ciudad, donde parece haberse detenido el tiempo.

Capítulo VII: Göbekli Tepe: donde la historia se hace añicos

Los jardines y piscinas de Balikli Gol conservan el esplendor de la antigua Edesa.

Aunque de mayoría kurda, la población de Sanliurfa resulta un crisol de culturas, donde conviven árabes, musulmanes, turcomanos y, claro está, kurdos. Esta multiculturalidad la distingue de Konya, la otra ciudad santa de Turquía, donde fuera de los enclaves en los que se rinde culto a Rumi, el fundador de los derviches, se percibe un ambiente ultraconservador impulsado por la prevalencia del Islam entre sus habitantes. Nada que ver con Sanliurfa, un lugar donde, insisto, la gente gusta de mezclarse, compartir espacios y detener a los turistas para establecer una comunicación sincera.

Obvia decir que el problema político del nacionalismo kurdo no ha ayudado a que Sanliurfa esté en el mapa de las visitas imprescindibles a Turquía, pese a que sus nativos no compartan los ideales más extremos de esa minoría. Como tampoco lo ha hecho la situación geográfica de esta localidad, perdida, prácticamente aislada en el oriente del país. Resulta paradójico, pues precisamente su ubicación, en la cuenca de los ríos Tigris y Éufrates, propició su relevancia en épocas remotas, antes incluso de la fundación de la casi legendaria Edesa. Hoy, Sanliurfa no es el vergel que seguramente fue, aunque sus parques, fuentes y edificios más antiguos mantengan la impronta de grandeza y misterio que la hizo destacar en tiempos pretéritos. No es extraño, pues aquí, según la tradición local, nació nada menos que Abraham, el primero de los patriarcas postdiluvianos y eje del argumentario de las tres principales religiones monoteístas.

Los jardines de Balikli Gol son el punto de encuentro de quienes visitan la gloriosa Urfa, una ciudad en la que turcos, kurdos y árabes conviven en envidiable armonía.

Precisamente Abraham, o la cueva donde se dice estuvo recluido varios años, es el culpable de la popularidad de Sanliurfa entre los turcos, quienes guardan grandes colas para visitar la citada gruta santa, enclavada en el interior de una pequeña mezquita. Igualmente concurridos están los jardines de Balikligöl, en cuyos alrededores se reúnen las familias para tomar un té, o para alimentar a las orondas carpas sagradas que nadan en dos enormes estanques rectangulares.

Muchos menos son los visitantes que se dejan caer por el austero museo de la ciudad, aunque en él se exhiben obras con un valor incalculable, piezas que conectan Urfa con el origen mismo de la civilización. En su mayoría, se trata de esculturas y grabados, en ocasiones simples pero cuidadas reproducciones provenientes de varios de los yacimientos más importantes del llamado Neolítico precerámico, un oscuro episodio de la Prehistoria que tuvo lugar en esta zona de Turquía, Mesopotamia, Persia, el Levante mediterráneo, el Antiguo Egipto y Grecia, y que en términos arqueológicos e históricos se caracterizó por sentar las bases de lo que se ha dado en llamar Revolución Neolítica, término que, *grosso modo*, alude a la primera y más radical transformación del modo de vida de la humanidad, que pasó del nomadismo a la sedentarización sin que conozcamos aún qué motivó este cambio radical.

Sabemos, en cambio, que los sitios de Harran, Duru y Nevali Çori, todos ellos situados en los alrededores de Urfa, no van a aportar más evidencias que ayuden a esclarecer esta espinosa incógnita, pues el gigantesco embalse de Ataturk, acabado en 1.990, inundó para siempre estos yacimientos bajo las aguas represadas del Éufrates, paradójicamente el mismo río que hace aproximadamente 12.000 años provocó el nacimiento de estas pioneras y avanzadas sociedades. Afortunadamente, antes de ese diluvio artificial pudieron ser recuperados y analizados numerosos artefactos procedentes de sendos sitios, muchos de los cuales permanecen expuestos en el pequeño museo de la ciudad.

Buen ejemplo de ello es la escultura conocida como Hombre de Urfa, cuya datación, en torno a 11.500 a. C., la convierten en la estatua más antigua de la humanidad. En concreto, se trata de la repre-

> Los penetrantes ojos del Hombre de Urfa nos miran desde sus dos metros de estatura. Datada en 11.500 a. C., nadie sabe exactamente a quién representaba esta misteriosa estatua.

sentación pétrea de un varón de casi dos metros de estatura, cuyos ojos de obsidiana le confieren un aspecto de lo más inquietante. Sabemos que la escultura fue descubierta en 1993, en los alrededores de Sanliurfa, por un campesino kurdo. También que, poco después del hallazgo, la prensa turca la bautizó como "muñeco de nieve", debido tanto a su apariencia como al color blanquecino característico del material sobre el que fue esculpida la recurrente piedra caliza. En cuanto a qué o a quién representa, parece existir acuerdo en que simboliza a un antiquísimo dios de la fertilidad o, al menos, eso parece deducirse de la apariencia del sujeto inmortalizado, que muestra descarado sus genitales pese a un leve ademán por cubrírselos (en realidad, la posición de las manos dirige la vista del espectador hacia los órganos sexuales del individuo).

El artífice de la figura también se preocupó por esculpir una nariz recta muy prominente, aunque hoy parcialmente mutilada, y una boca que apenas se intuye. No obstante, si el observador se sitúa a derecha o a izquierda de la estatua, notará que, por efecto del contraluz, en el perfil del rostro surge como por arte de magia una extraña mueca semejante a una boca abierta (¿fue ésa la intención del escultor?). Final-

© Francisco González

La mayoría de piezas del Museo Arqueológico de Sanliurfa están datadas en el Neolítico acerámico.

mente, descendiendo de cada uno de los hombros, sendas líneas paralelas interseccionan sobre el pecho de la efigie, formando un triángulo. Si se tratase de la representación de una prenda de vestir, hablaríamos de escote en V o de pico, pero el sujeto está desnudo. Tal vez sea un collar ceremonial o el esbozo de un uniforme.

Pieza del Museo Arqueológico de Sanliurfa que presenta imágenes y símbolos indescifrables.

SEÑALES DEL PARAÍSO PERDIDO

En cualquier caso, el patrimonio arqueológico más importante de Sanliurfa —y tal vez de nuestro planeta— es mucho más amplio y complejo que el enigmático Hombre de Urfa. Me refiero al más que desconcertante yacimiento de Göbekli Tepe, algunos de cuyos monolitos indescifrables —o sus réplicas fidedignas— pueden contemplarse en los jardines de uno de los centros culturales de la ciudad, quizá como reclamo de lo que aguarda a los visitantes de Sanliurfa a apenas quince kilómetros al nordeste de la ciudad, un objetivo al que podremos acceder sin demasiadas dificultades alquilando un coche o acudiendo a alguna de las pequeñas agencias que han empezado a aprovecharse del indudable tirón de este yacimiento.

No en vano, quien haya visitado Göbekli Tepe puede presumir de haber pisado la tierra donde prendió la chispa que tal vez nos hizo verdaderamente humanos. Nadie diría, viendo esta colina aislada y polvorienta, que el árbol del paraíso de Adán y Eva fijó aquí sus míticas raíces. Pero probablemente fue eso lo que sucedió. O, al menos, un nutrido grupo de eminentes arqueólogos se muestra convencido de ello. Pero, ¿qué es exactamente Göbekli Tepe?

Monolito de Göbekli Tepe, en Sanliurfa, con la característica forma de "T".

Quizá Klaus Shmidt, veterano arqueólogo alemán que aterrizó en Estambul en 1.978, no pretendía hallar señales del paraíso en este enclave de Anatolia. Sin embargo, cuando en 1.994 se puso a excavar en Göbekli Tepe, por entonces un abultamiento del terreno sin demasiados signos de contener nada importante, lo hizo convencido de la falta de vista de sus colegas de la Universidad de Chicago, quienes treinta años antes habían desestimado hacer lo propio tras un somero y probablemente apresurado examen de la colina, lo que les condujo a deducir que las evidentes señales de ocupación humana anterior sólo se remontaban a la época bizantina. Un sitio sin interés, concluyeron.

Pero Schmidt, un tipo paciente y acostumbrado a leer entre líneas, advirtió un llamativo brillo sobre la superficie del montículo, fulgor que provenía de los miles de fragmentos de piedra que habían ido aflorando hacia el exterior, removidos por los campesinos que, durante generaciones, habían utilizado la colina como si de una escombrera se tratara. Su experiencia y la peculiar configuración de algunos guijarros, le llevaron a intuir que aquella podía ser la prueba de que estaba frente a un sitio prehistórico. No se equivocaba.

Poco a poco, Schmidt y el resto de investigadores del Instituto Arqueológico Alemán de Estambul comenzaron a desentrañar los secretos de Göbekli Tepe, cuyo principal atractivo permanecía enterrado muy cerca de la superficie. Se trataba de unos asombrosos monolitos de piedra caliza con forma de T —muy parecidos a los de la Cultura Talayótica, en las Islas Baleares–, de varias toneladas de peso y con entre 2 y 7 metros de altura, la mayoría de los cuales presentaban unos llamativos grabados y evidencias de que alguien intentó destruirlos, ignoramos por qué razón. No obstante, en líneas generales, el sitio permanecía bastante bien conservado, debido a la características del terreno y a que, por algún extraño motivo, fue deliberadamente enterrado bajo toneladas de arena, otra de las muchas incógnitas que rodean al yacimiento.

Uno a uno, los monolitos de la Colina Panzuda fueron viendo la luz. No se trataba de esculturas aisladas, sino que emergieron adosadas a muros algo toscos, los cuales se integraban en una estructura con forma oval presidida por dos enormes pilares situados en el centro del plano, probablemente al objeto de sostener y equilibrar un techo, aunque no se descarta que tuvieran un propósito distinto, tal vez simbólico o de otra naturaleza que no acertamos a imaginar. Hasta el momento se han desenterrado cuatro "edificios" similares, con entre diez y treinta metros de diámetro, pero estudios geológicos han desvelado la existencia de al menos otros 20 sepultados bajo la arena.

La apariencia de las estatuas ya era suficiente indicativo de que Göbekli Tepe se erigió en épocas muy remotas, pero la datación por radiocarbono del nivel de ocupación más antiguo arrojó un resultado que dejó perplejos a los arqueólogos. Nada menos que 11.600 años –probablemente más, apuntan algunos investigadores– nos separan de quienes erigieron estas enigmáticas estructuras.

Sin embargo, algo no funcionaba como era debido. Aquel conjunto de templos arcanos no encajaba con lo que hasta ahora sabíamos del hombre prehistórico. Era imposible que humanos recién salidos de las cavernas, apenas un puñado de nómadas dispersos, pensaran una estructura semejante. Y, sin embargo, la datación no engañaba.

> En líneas generales, el sitio permanecía bastante bien conservado, debido a las características del terreno y a que, por algún extraño motivo, fue deliberadamente enterrado bajo toneladas de arena.

Los hombres prehistóricos construyeron un complejo megalítico formalmente muy semejante a Stonehenge, sólo que el sitio de Urfa era ¡7.000 años más antiguo que Stonehenge!

Apenas dos décadas antes del descubrimiento de este asentamiento en el sureste de Anatolia, arqueólogos, antropólogos y paleobotánicos tenían más o menos claro cuándo y dónde se inició la llamada Revolución Neolítica, el momento en que comenzaron a establecerse aldeas cuya subsistencia se basaba en la agricultura, habiendo dejado atrás el nomadismo. Pero las cifras de Göbekli Tepe, su datación, desmontaban aquellos tranquilizadores supuestos. Por otra parte, cuanto más iba conociéndose sobre el yacimiento de Urfa, menos posibilidades había de ajustar la cronología de la historia humana.

Esculpido en relieve, este pequeño animal parece cobrar vida en uno de los monolitos de Göbekli Tepe.

Los relieves con animales y pictogramas que decoran los monolitos de este yacimiento constituyen otro de los problemas para interpretar el sitio. Si ya nos resultaba difícil ponernos en la mente neolítica, ¿cómo podíamos siquiera aproximarnos al pensamiento de aquellos hombres que aún no habían llegado a la frontera de la Edad de Piedra? Pero había que intentarlo, imaginando, por ejemplo, cómo era el medio donde vivieron los constructores de Göbekli Tepe.

Capítulo VII: Göbekli Tepe: donde la historia se hace añicos

En este sentido, los investigadores suponen que las llanuras de Urfa no se parecían al territorio árido, casi yermo, que vemos en la actualidad. Al contrario, es probable que esta parte de la región de Urfa fuera una pradera habitada por gran variedad de fauna salvaje, la misma representada en los relieves que embellecen los pilares descubiertos en el yacimiento. Leones, zorros, grandes lagartos (¿cocodrilos?), toros, jabalíes, gacelas, serpientes, buitres, aves acuáticas, insectos... Si los monolitos de Göbekli Tepe son una fotografía de su entorno, éste debió ser enormemente fértil y salvaje, sin duda propicio para el sostenimiento de grandes grupos humanos.

Y sí, quizá se pareciera bastante al Paraíso Terrenal. O eso debieron pensar los habitantes del lugar, herederos de un terrible invierno que se había prolongado durante 100.000 años, el lapso que ocupó la última Edad de Hielo. Es probable, opinan los expertos, que la región de Urfa se instalara en una "Era Dorada" del Neolítico hace 11.600 años, y que sus habitantes disfrutaran de las ventajas

Erigido en el punto más alto de una extensa cadena montañosa, Göbekli Tepe se construyó con una evidente finalidad ritual.

© Juan Jesús Vallejo

que les ofrecía el hecho de vivir en un lugar y tiempo comparables al Jardín del Edén, por expresarlo en términos bíblicos (concepto que retomaré más adelante).

No obstante, ¿fue suficiente este contexto idílico para transformar tan radicalmente el pensamiento de los habitantes de Urfa? ¿Cómo evolucionaron hasta poseer esa asombrosa capacidad de abstracción? Quizá hubo más ingredientes que se nos escapan, pero la interpretación lógica de los pictogramas hallados en Göbekli Tepe nos sugiere, casi sustenta, que estos símbolos tenían un carácter marcadamente sagrado y que las estructuras del enclave funcionaron como templos, del mismo modo que lo hacen nuestras iglesias, mezquitas y sinagogas. Pero aquí surge otro escollo, éste de índole material, pragmática.

PRIMERO FUE EL TEMPLO, DESPUÉS LA CIUDAD

Reconstruidos en varias ocasiones, los monolitos más modernos carecen de la sofisticación que caracteriza a las esculturas que los precedieron.

De manera sorprendente, los constructores de Göbekli Tepe consiguieron extraer, transportar y esculpir piedras de casi 20 toneladas. Sin embargo, que sepamos —o eso nos dictan las evidencias de que disponemos—, además de no haber desarrollado la cerámica, la escritura y la metalurgia, tampoco conocían la rueda ni disponían de animales de tiro, pues ni siquiera los habían domesticado.

Por otra parte, para realizar una obra semejante, los habitantes de Urfa tuvieron que organizarse, ya que tan ingente tarea exigió la participación de varios centenares de personas que, obviamente, respondieron al mandato de alguien. Aquí, el concepto de jefe de clan queda hecho añicos. Ya no se trata de imponer una sola voluntad sobre un reducido grupo de personas, sino de convencer a cientos de individuos, quizá desconocidos, para que abandonen sus ocupaciones prácticas, como la caza o la recolección de frutos silvestres, y dediquen días, meses, tal vez años, a construir y mantener en el tiempo una obra cuyo verdadero sentido quizá escapara al entendimiento de la mayoría. De modo que debió existir una minoría, un grupo de chamanes, sacerdotes o druidas, con extraordinarias dotes de mando y persuasión para impulsarles a hacerlo, con la promesa de quién sabe qué cosa.

La forma de "T" de las esculturas recuerda a la de los monolitos erigidos por la Cultura Talayótica de las Baleares.

Además, aquellos sacerdotes tenían una idea clara del mensaje. Se aprecia en el cuidado que pusieron los canteros a la hora de tallar las piedras y en la finura de los relieves, impropios, insisto, de lo que creíamos saber sobre el pensamiento abstracto de los humanos prehistóricos y su capacidad para materializarlo.

Finalmente, asumiendo no sin cierta perplejidad todo lo anterior, el paisaje de Urfa quedó configurado por una serie de extraños templos situados sobre una colina... pero no había ciudad alguna en sus alrededores. ¿Cómo es posible? ¿Acaso no fue antes la ciudad que el templo? Bien, parece que todo lo que sabíamos sobre la Revolución Neolítica ya no sirve o, cuando menos, habrá que reescribirlo partiendo desde cero... o desde este misterioso santuario.

«El santuario de Göbekli Tepe se erigió en el X milenio a. C., antes incluso de que los humanos eligieran la sedentarización. Obviamente, se trata de un contrasentido, pues levantar, esculpir y disponer organizadamente aquellas moles de piedra debió requerir una extraordinaria cohesión social.»

Antes de Göbekli Tepe, asumíamos un orden de cosas muy distinto, con la adopción de la agricultura como motor del cambio. Así, la secuencia lógica era: las prácticas agrícolas persuadieron a los humanos de la necesidad de instalarse junto a sus campos de cultivo, al hacerlo y sedentarizarse, su siguiente logro fue la domesticación de los animales. Alcanzados dichos objetivos y con una población tendente al crecimiento, mucho más organizada y con tiempo suficiente como para gastarlo en otras actividades, se trataba de lograr establecer cierto grado de cohesión social, de civilización, en definitiva, de paz. ¿Cómo conseguirlo? La respuesta es: con la religión. Sin embargo, los sacerdotes constructores de Göbekli Tepe se saltaron la asignatura de historia de la humanidad, porque lo hicieron justo al revés: «primero fue el templo, después la ciudad», sentenciaba a menudo Klaus Schmidt.

Obvia decir que las noticias que llegaban desde el yacimiento de Urfa causaron una mezcla de estupor y espanto a los estamentos científicos más dogmáticos, renuentes a meter en la trituradora de papeles los miles y miles de sesudos estudios sobre la evolución humana que se habían publicado hasta el hallazgo del sitio. De hecho, todavía hoy resulta chocante que Göbekli Tepe tenga tan escasa presencia en foros académicos y medios de comunicación especializados, como si una mano negra quisiera velar la luz que emana de este poderoso enclave.

Para Klaus Schmidt, en cambio, todo eran buenas noticias. Aunque falleció en julio de 2.014, el intuitivo arqueólogo alemán tuvo tiempo de esbozar un nuevo paisaje del Jardín del Edén neolítico. Gran conocedor de Anatolia, Schmidt no sólo comenzó a encontrar puntos comunes entre Göbekli Tepe y el resto de yacimientos de

© Klaus-Peter Simon (2.012)

Al posarse sobre las piedras, los animales de Göbekli Tepe cobraban una dimensión sagrada.

la región, sino que su red de nexos parecía extenderse hasta todo el Creciente Fértil, llegando tan al sur como Jericó, en Cisjordania.

Entre esos rasgos comunes, varios saltaban a la vista. Por ejemplo, Schmidt concluyó que los pilares en forma de T no son sino figuras humanas esquemáticas, como parece demostrar el hecho de que algunas muestren brazos esculpidos que surgen de la parte superior de los monolitos y terminan en la zona del vientre, donde se adivina un somero taparrabos; del mismo modo que se aprecia en ellas una especie de estola o banda ceremo-

Monolito con forma de "T" de Torralba den Salord (Menorca). Su parecido con los de Göbekli Tepe resulta evidente.

nial, similar a la que usan los sacerdotes de hoy en día. Además, el arqueólogo observó que la disposición de los pilares semeja una asamblea ritual, tal vez una reunión de orantes.

Abundando en el propósito de teatralizar la escena, la elección de las especies que adornan los monolitos no sería fruto de la casualidad, pues en su mayoría se trata de bestias amenazadoras que actuarían como animales totémicos o protectores. El efecto en relieve de las figuras abundaría en la intención de los escultores de insuflar vida a las criaturas representadas.

Tampoco parecía casual que entre estas últimas aparecieran con más frecuencia *uros* (toros) y buitres, cuyo simbolismo —fertilidad y muerte, respectivamente— ha ayudado a interpretar sitios tan relevantes para la historia de la humanidad como los neolíticos Nevali Çori y Çatal Hoyuk, también en Anatolia. Tras reflexionar sobre este particular, Schmidt especuló con que Göbekli Tepe se concibió como centro de culto al objeto de honrar a los difuntos y, seguramente, acabó convirtiéndose en una especie de Meca para los habitantes de una vasta área circundante.

Pero nada dura eternamente. En torno al 8.200 a. C., dos milenios después de erigido, alguien decidió que el tiempo del santuario se había agotado. Quizá los pilares dejaron de funcionar. O los sacerdotes que los erigieron fueron sustituidos por otros dirigentes más pragmáticos, a quienes habían dejado de importarles los monolitos. De hecho, Schmidt notó que las estructuras más modernas del santuario, las más cercanas a nuestros días, estaban peor terminadas que las originales, se hicieron con menos cuidado. En cualquier caso, Göbekli Tepe acabó siendo enterrado de forma intencionada, quizá en un postrero acto ritual cuya finalidad nadie acaba de comprender, como prácticamente todo lo relacionado con este fascinante emplazamiento. Con todo, frente a sus magníficas ruinas resulta fácil imaginar el efecto que causaron aquellos megalitos sobre las tribus de la región. Pero ¿tan importante como sugieren Schmidt y otros expertos en las primeras eras de la civilización?

Sin duda debieron existir otros alicientes, probablemente vinculados con el establecimiento de una religión mucho más compleja de la que tradicionalmente se ha adjudicado a las tribus de forrajeadores. Pero se suponía que esta religión se instituyó milenios después. ¿Cómo es posible que una sociedad de cazadores-recolectores se transforme hasta el punto de ser capaz de construir un emplazamiento tan asombroso? «Creo firmemente que la transición fue maquinada por una élite de gobierno integrada por chamanes o sacerdotes muy astutos y extremadamente poderosos, que sabían cómo manipular y motivar a la población local», apuntaba el investigador Andrew Collins en una entrevista concedida a Adriano Forgione, periodista y director de la revista italiana Fenix.

Para el autor de *Göbekli Tepe: Genesis of the Gods*, estos misteriosos sacerdotes no eran oriundos de la región, sino que probablemente pertenecían a una élite chamánica vinculada con prácticas agrícolas pioneras: «¿De dónde vinieron? Los principales indicios señalan a lugares donde ya se había implantado la proto-agricultura, anteriores incluso a los enclaves del Neolítico precerámico de la alta Mesopotamia, aproximadamente entre el 11.500 y 11.000 a. C. De manera que imagino que el lugar de origen de aquella élite estaba en el Alto Nilo, entre Egipto y Sudán, donde se han descubierto indicios de agricultura de hace entre 15.000 y 11.500 años, concretamente en las excavaciones de

> Hay acuerdo en que Göbekli Tepe se instituyó como una especie de santuario religioso, pero no tanto a la hora de explicar el significado de los relieves con animales que embellecen sus pilares, que proporcionan al conjunto un aire de Arca de Noé petrificada.

Isnan y Qadan. No obstante, conviene aclarar que estas supuestas evidencias están siendo cuestionadas hoy en día, del mismo modo que las rutas de migración de estos pueblos».

Pese a sus dudas, Collins sigue apostando por la conexión africana, que habría conducido a los chamanes desde Egipto hasta Mesopotamia, a través de Israel y Líbano, si bien no descarta otras opciones: «También pudieron estar relacionados con los artistas cromagnones de Europa Occidental o incluso con los pueblos que llegaron desde China y el sudeste asiático, tal y como apunta Stephen Oppenheimer en su libro de 1.998 Eden in the East. Deberíamos mantener la mente abierta, pues los hallazgos tienden a retrasar cada vez más el comienzo de la proto-agricultura en todo el mundo», subraya Collins.

Como ya he mencionado, los monolitos con forma de T de Göbekli Tepe son asombrosamente parecidos a los de la Cultura Talayótica de las Islas Baleares. De hecho, si mostrásemos a alguien una fotografía de cualquiera de los circulos de megalitos de la colina de Urfa, y a continuación otra tomada en el círculo ceremonial de Trepucó, en la isla de Menorca, éste pensaría o que se trata del mismo enclave o que ambas construcciones pertenecen al mismo ámbito geográfico. Sin embargo, entre el poblado talayótico de Trepucó y Göbekli Tepe hay exactamente 4.529 kilómetros.

Si recuerdan, ya establecí una comparación similar a propósito del parecido entre los menhires horadados del con-

Escultura de un jabalí en el Museo Arqueológico de Sanliurfa.

© Klaus-Peter Simon (2.012)

dado de Antrim (Irlanda) y sus homólogos de Zorats Karer (Armenia), obteniendo una distancia de casi 4.000 kilómetros. En el caso de estos dos últimos, la arqueología nos dice que ambos son sitios neolíticos y que el agujero practicado en la piedra convertía los menhires en objetos primitivos para la observación de las estrellas. Pero hay un problema con los poblados talayóticos de Menorca. Si Göbekli Tepe se erigió hace 11.600 años, la antigüedad de los yacimientos baleares no supera los 3.000. La ciencia oficial no alberga dudas acerca de la datación del yacimiento turco, pero no ocurre lo mismo con los talayotes menorquines, que han sido reinterpretados cronológicamente en más de una ocasión. Y, sin embargo —insisto—, el parecido entre ambos yacimientos resulta tan extraordinario, que parecen hechos por el mismo artífice y en la misma época.

Dejando a un lado el espinoso asunto de la fiabilidad de las dataciones —pero recuerden también el ejemplo de la Esfinge—, la principal incógnita que sobreviene a cualquier estudioso de estas construcciones es: ¿cómo es posible que monumentos megalíticos alejados miles de kilómetros y pertenecientes a culturas aún más distintas sean tan asombrosamente parecidos? ¿Acaso existió una escuela prehistórica de maestros constructores cuyos diseños se fueron transmitiendo como si se tratara del legado más sagrado?

Esa mente abierta que antes invocaba Andrew Collins ha llevado a algunos arqueólogos "alternativos" a especular con que los primitivos constructores de Göbekli Tepe y otros emplazamientos pre-neolíticos tuvieran un origen aún más inquietante, vinculado con la intervención de unos misteriosos personajes citados en el Libro de Enoc, un polémico texto intertestamentario que no es aumido oficialmente por la mayoría de Iglesias cristianas, si bien, paradójicamente, tuvo una enorme aceptación entre los esenios y otras comunidades paleocristianas.

Grosso modo, el Libro de Enoc narra la caída de los Grigori, una especie de Observadores o Vigilantes celestiales que, tras mantener relaciones sexuales con mujeres humanas, engendraron a los Nephilim o "gigantes", unas entidades híbridas que también son mencionados en el libro del Génesis. «Creo que el contacto entre esa supuesta élite chamánica gobernante y los habitantes de la Alta Mesopotamia forma parte del argumento narrado en el Libro de Enoc, en el cual se dice que unos seres llamados Observadores se mezclaron con los humanos, entregándoles artes y ciencias prohibidas. También describe que entre éstas estaban el uso de hierbas, la metalurgia, la fabricación de armas, la astronomía... En general, todos los avances que se han detectado en los yacimientos Neolíticos más primitivos de la Alta Mesopotamia», apunta Andrew Collins, quien, abundando en esta teoría explicativa, identifica a la élite chamánica que habría diseñado Göbekli Tepe y demás emplazamientos en Anatolia con los gigantes híbridos o Nephilim citados en los libros de Enoc y del Génesis.

Respaldada por Collins y otros investigadores con mente abierta, obvia decir que esta hipótesis y sus autores se han convertido en blanco de las iras de la arqueología y la ciencia ortodoxas, que no ahorra en calificativos para menospreciar a una y a otros.

> La similitud entre los pilares con forma de T de Göbekli Tepe y muchos de los erigidos en las Islas Baleares resulta más que llamativa. Sin embargo, miles de años separan al santuario de Turquía de, por ejemplo, los círculos megalíticos de Menorca (sólo 1.000 a. C.).

capítulo VIII
LA CONEXIÓN SUMERIA DE NAZCA

«No conocemos el pensar de un pueblo que gastaba tanta energía en crear sus dibujos y sus líneas gigantes en medio de un desolado paisaje».

María Rostworowski ("Origen religioso de los dibujos y rayas de Nasca").

Geoglifo La Araña de las Líneas de Nazca; © Diego Delso (págs 197-198)
Líneas de Nazca; © Diego Delso (pág 206)
Líneas de Nazca; © Diego Delso (págs 210-211)
Geoglifo; © Diego Delso (págs 216-217)

El 2 de agosto de 2.014, el diario El Comercio, de Perú, informaba sobre un suceso singular. Al parecer, debido a las intensas tormentas y fuertes vientos que habían barrido el departamento de Ica, perteneciente a dicho país, una serie de geoglifos hasta entonces inéditos afloraron a la superficie en un área próxima a las pampas de San José y Jumana. El principal testigo de los hechos fue Eduardo Herrán Gómez de la Torre, un piloto e investigador local que sobrevuela a menudo las mundialmente conocidas Líneas de Nazca.

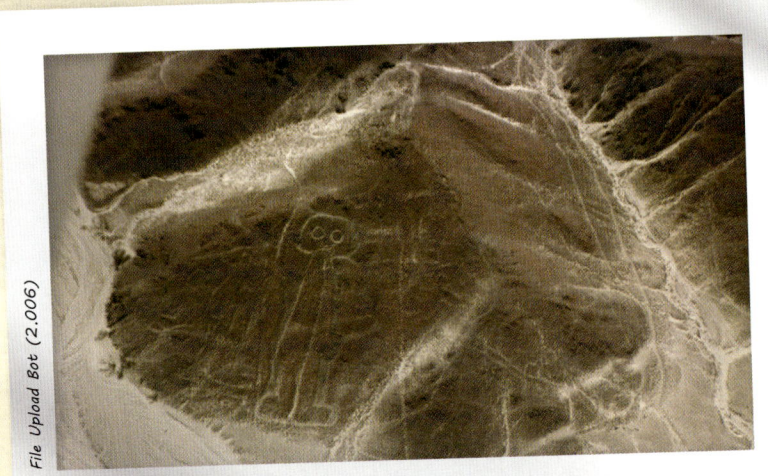

File Upload Bot (2.006)

En la imagen, la figura conocida como El Astronauta. La mayoría de los gigantescos geoglifos de Nazca sólo pueden apreciarse con claridad "a vista de pájaro".

No hay duda de que estas formaciones constituyen uno de los fenómenos más indescifrables del planeta. Como tampoco la hay de que han sido sobradamente estudiadas, tanto *in situ* como desde el aire, la mejor manera, si no la única, de apreciarlas en su verdadera dimensión. Precisamente ahí, en el hecho de que se fabricaran supuestamente para ser observadas a vista de pájaro, radica su principal misterio. Porque, ¿a qué o a quién estaban destinadas?, ¿a los dioses, como piensan la mayoría de arqueólogos y antropólogos, o a alienígenas que visitaron la región en tiempos remotos, como creen los partidarios de la hipótesis de los antiguos astronautas? ¿Qué sabemos sobre la civilización que los construyó?

Surgida en el siglo II antes de nuestra era, la cultura Nazca, heredera de la de Paracas, se expandió desde la provincia del mismo nombre, en la región de Ica, hacia Pisco por el norte, Arequipa por el sur y Ayacucho en el este. Conocemos estos detalles porque su peculiar sensibilidad plástica quedó plasmada por allí donde pasaron. Conocían y trabajaron los metales, desarrollaron un arte textil único en la región andina y nos legaron una cerámica característica e inquietante, pues muchas de sus piezas representan a hombres mutilados, quizá en un acto de homenaje a sus heridos en combate. Pero fue otra de esas expresiones artísticas, aunque tal vez sería mejor denominarla existencial, la que hizo que la cultura Nazca sea por todos conocida, a tal punto que el hallazgo de nuevos geoglifos en el mundo venga acompañado de titulares como "Descubierta otra Nazca en..." del mismo modo que sucede con los numerosos "Stonehenge" repartidos por el globo.

> «Surgida en el siglo II antes de nuestra era, la cultura Nazca, heredera de la de Paracas, se expandió desde la provincia del mismo nombre, en la región de Ica, hacia Pisco por el norte, Arequipa por el sur y Ayacucho en el este.»

En esencia, las Líneas de Nazca están constituidas por centenares de figuras geométricas, zoomorfas y antropomorfas, plasmadas en lugares desérticos y de complicado acceso. Si bien algunas resultan visibles a ras de suelo, pues se dibujaron en laderas, la mayoría, insistimos, se dispusieron en terreno llano, de manera que el mejor modo de apreciarlas es desde una posición elevada. De ahí que, en la actualidad, varios *tour* operadores peruanos ofrezcan a los turistas la posibilidad de contemplarlas a bordo de pequeñas avionetas. Nada que ver con el origen del fenómeno Nazca, que extrañamente pasó prácticamente desapercibido hasta bien entrado el siglo XX, cuando unos pocos aviadores peruanos advirtieran de su presencia, aunque sin hacerle demasiada publicidad.

Se cree que La Araña, también en Nazca, fue la primera figura descubierta sobre el terreno por la investigadora María Reiche.

Y no, no era que las Líneas de Nazca hubiesen permanecido invisibles el intervalo que va del siglo I hasta la década de 1.930. Por ejemplo, en el siglo XVI, algunos cronistas españoles —como Pedro Cieza de León (1.518 - 1.554)— ya habían llamado la atención sobre ciertas «señales trazadas en el suelo», «marcas en el desierto» o «caminos tan anchos como una calle», según fuera el observador. Sin embargo, el punto de partida de las investigaciones en Nazca coincide con la llegada a Perú de Paul August Kosok, un historiador de la ciencia norteamericano de padres alemanes que se desplazó al país andino atraído por las noticias sobre los asombrosos conocimientos en hidrología de aquellos pueblos precolombinos.

Experto en sistemas de riego en las culturas primitivas, Kosok desdeñó muy pronto las teorías de sus homólogos peruanos, quienes se mostraban convencidos de que aquellas marcas en el desierto eran antiguas zanjas para conducir el agua. Muy al contrario, el norteamericano advirtió que los geoglifos de Nazca seguían ciertos patrones y, conocedor del interés de los pueblos andinos por la astronomía, buscó en las estrellas el origen de dicha organización. A su llegada a Lima, Kosok, que hablaba un perfecto alemán, conoció casualmente a María Reiche, una matemática nacida en Dresde que había dejado su Alemania natal para buscar nuevos horizontes en Perú, país donde llevaba viviendo varios años. Como quiera que el historiador necesitaba a alguien que le ayudara con el idioma castellano, Kosok y Reiche establecieron

> «Paul Kosok estaba persuadido de que los geoglifos formaban un enorme sistema calendárico, una teoría que también interesaba a Reiche, aunque ésta se inclinaba por la hipótesis de que configuraban un gigantesco mapa zodiacal.»

un vínculo profesional, relación que fue estrechándose gracias a que a ambos les fascinaban aquellas misteriosas figuras de las pampas nazqueñas.

A esas alturas, Paul Kosok estaba persuadido de que los geoglifos formaban un enorme sistema calendárico, una teoría que también interesaba a Reiche, aunque ésta se inclinaba por la hipótesis de que configuraban un gigantesco mapa zodiacal.

Desde aquel entonces y hasta nuestros días, han sido multitud las teorías que han tratado de explicar porqué y a qué o a quiénes estaban destinadas estas gigantescas señales plasmadas en el suelo, diseñadas con una exactitud que desafía nuestros escasos conocimientos sobre esta enigmática cultura.

Se ha especulado, por ejemplo, con que se trataba de caminos señalizados, indicando una u otra dirección. También que formaron parte de proyectos relacionados con el abastecimiento de agua. Igualmente, hay quien piensa que se diseñaron para ser observadas desde primitivos artefactos voladores o aeronaves pilotadas por extraterrestres, en cuyo caso estaríamos ante singulares pista de aterrizaje OVNI, o eso sostienen muchos de los aficionados a este último fenómeno. Obviamente, también está la hipótesis religiosa, según la cual los antepasados de los nasqueños las habrían realizado para que sus dioses atendieran sus ruegos.

> Las líneas de Nazca se encuentran en las Pampas de Jumana, Nazca, en el Perú, y están compuestas por un conjunto de figuras zoomorfas, fitomorfas y geométricas que aparecen grabadas en la superficie de las mesetas desérticas.

Según la hipótesis zodiacal de Reiche, La Araña simbolizaría la constelación de Orión (arriba).

María Reiche Neumann (1.903 - 1.998), la mujer que más hizo por conservar este desconcertante pero maravilloso patrimonio, murió convencida de que las líneas y dibujos formaban parte de intricado calendario astronómico. Si Kosok advirtió que algunos de los geoglifos se alineaban con las salidas y puestas de sol durante los solsticios y equinoccios y que todos ellos conformarían una especie de zodiaco, Reiche interpretó que las figuras zoomorfas no eran sino la representación de ciertas constelaciones celestes. Así, por ejemplo, creía que el dibujo conocido como "El mono" simbolizaba la Osa Mayor, que los nativos identificaban con la llegada de la temporada de lluvias. De igual manera, "La araña" representaría a Orión y "El perro", en una equivalencia más evidente, a Can Mayor (Sirio).

En cuanto a cómo pudieron los nativos de Nazca realizar dibujos tan precisos y complejos, habida cuenta que carecían de perspectiva —aérea, se entiende— para observar el desarrollo de su trabajo y que algunos de los geoglifos miden casi trescientos metros, Reiche argumentó que los indígenas se habrían servido de cuadrículas y utilizado simples cordeles y estacas para mantener la coherencia de las líneas.

Pese al respeto que inspiró entre sus colegas el rigor con que Maria Reiche abordó la investigación de los geoglifos de Nazca, su hipótesis astronómica fue rechazada muy pronto por muchos de sus colegas que, gracias al uso de programas matemáticos, determinaron que era imposible concluir que existían correlaciones entre las líneas y la posición de las estrellas, puesto que los diseños eran tantos y apuntaban a tantos lugares a la vez, que dictaminar si uno u otro señalaba tal o cual constelación era un asunto meramente subjetivo.

Tal diferencia de criterios no resulta extraña. Reiche siempre mantuvo su vista fija en las estrellas, tratando de interpretar cómo sentían los misteriosos habitantes de aquellas regiones, cómo percibían su entorno y cuál era su grado de autoconciencia. Los científicos actuales disponen de muchos más medios –y más publicidad– de los que jamás soñó tener la austera matemática de origen alemán, de ahí que sus hipótesis se nos antojen avaladas por una suerte de lógica aplastante.

En este sentido, investigaciones recientes podrían haber dado con una de las posibles claves para tratar de solventar este enigma: el agua. ¿El agua? Tiene sentido. ¿Qué si no encumbró e hizo caer a las civilizaciones del Indo, el Nilo o Mesopotamia, por citar sólo a tres de las más conocidas?

En efecto, todo indica que el ocaso de la cultura Nazca tuvo mucho que ver con la ausencia del líquido elemento, y quizá las líneas que los sedientos habitantes de aquellas pampas dibujaron en el suelo, pudieron ser su última y desesperada señal de auxilio.

> La matemática Maria Reiche defendía que los dibujos de Nazca simbolizaban un enorme mapa zodiacal.

ARQUITECTURA DEL AGUA

En un artículo publicado por la revista *National Geographic* en marzo de 2.010, Stephen S. Hall reflejaba su periplo sobre la desértica meseta que hoy constituye el fotogénico escenario de Nazca. Junto a él viajaban el veterano investigador Johny Isla y un grupo de científicos del llamado Proyecto Nasca-Palpa, un programa dirigido por el propio Isla y Markus Reindel, del Instituto Arqueológico Alemán. El objetivo del reportaje y del documental emitido en paralelo fue presentar las conclusiones del citado proyecto, tras una investigación que se prolongó durante siete años y en la que participó un equipo multidisciplinar germano-peruano.

Tras cartografiar el terreno y realizar un sofisticado mapa tridimensional del mismo, los miembros del Proyecto Nasca-Palpa fueron avanzando en sus investigaciones, hasta dar con una hipótesis convincente —al menos para ellos— sobre la razón de ser de las figuras. La clave, como ya hemos mencionado, está en el agua.

> Son varios los investigadores que relacionan estos geoglifos con una especie de mapa para señalar acuíferos.

En esencia, los investigadores germano-peruanos defienden que las Líneas de Nazca constituyeron un espacio ritual para efectuar ofrendas en relación con el líquido elemento, el bien más escaso de la región. Así, estas configuraron una especie de trazado singular de caminos sagrados, vías por las que transitaban peregrinos que pedían lluvia o seguridad para los depósitos de agua existentes. Precisamente, éste último punto, el de los pozos, fue el que convenció a los científicos de que todo en Nazca giraba en torno al agua, pues a lo largo y ancho de este gigantesco sitio arqueólogico se han descubierto numerosas evidencias de lugares destinados al almacenamiento de agua. Así, al parecer, los habitantes de Nazca construyeron un entramado de pozos a ras del suelo u horizontales —no verticales—, que cavaban hasta encontrar la capa freática por la que discurre el agua en el subsuelo. Dispuestos a una distancia de entre 30 y 50 metros unos de otros, los *puquios* —su denominación original— permanecían unidos mediante canales fabricados con cantos rodados y protegidos con piedras o maderas resistentes. Se trataba, en suma, de sofisticados acueductos subterráneos. Pero, ¿cómo es posible que los nazqueños trazaran estas obras maestras de ingeniería hidráulica hace casi 2.500 años? Los expertos en la materia, amén de llevarse las manos a la cabeza, suponen que los habitantes del actual departamento de Ica estaban lógicamente obsesionados por el líquido elemento y, como buenos observadores de todo cuanto les rodeaba, advirtieron que el agua que bajaba por

> Rutas para peregrinos, un zodiaco, un santuario para los dioses, un mensaje para entidades alienígenas, un arca de Noé simbólica... Nadie sabe a qué o a quién se destinaron estos misteriosos geoglifos.

las montañas por determinados cauces desaparecía bajo el suelo... para reaparecer kilómetros más adelante ya convertidos en ríos. La obra hidráulica tiene otras peculiares y avanzadísimas características en las que no voy a detenerme, pero lo anterior parece demostrar que los ingenieros de Nazca poseían una tecnología que sigue causando perplejidad en sus homólogos actuales, tecnología que, por cierto, ha perdurado en el tiempo y sigue utilizándose en Ica a día de hoy.

Vista cenital de El Colibrí, uno de los diseños más complejos de Nazca (Perú).

Christina Conlee, una arqueóloga norteamericana que ha estudiado estos geoglifos durante casi dos décadas, ha descubierto evidencias de sacrificios humanos —concretamente cráneos aislados— junto a algunas de las figuras, cuestión que ella interpreta como la mejor prueba de que los dibujos y dichos sacrificios «tenían que ver con hacer ofrendas a los dioses para traer agua y fertilidad» (La Nación, 13 de marzo de 2010).

En un sentido similar, el investigador independiente David Johnson señala al agua como principal argumento para la elaboración de los geoglifos, si bien defiende que conformaron una especie de mapa simbólico que señalaba la presencia de acuíferos subterráneos, código que sólo conocerían los encargados de administrar el preciado bien. De hecho, en *Beneath the Nasca Lines and Other Coastal Geoglyphs of Peru and Chile*, Johnson ejemplifica con que el pico de "El Colibrí" indicaría la presencia cercana de un puquio, del mismo modo que lo haría el vértice de un trapezoide. Y, al contrario, las líneas en zigzag mostrarían la no existencia de agua alrededor de las mismas. Pero no todas las teorías ofrecen una explicación tan prosaica para los geoglifos de Nazca.

KON: DIOS ALADO Y VOLADOR

Otra investigadora, la veterana y respetada historiadora peruana María Rostworowski, pasa de puntillas por las hipótesis astronómica y utilitarista, para centrarse en uno de los ámbitos en los que es especialista: la espiritualidad de los pueblos andinos. Así, en su artículo "Origen religioso de los dibujos y rayas de Nasca" (1993), Rostworowski plantea que las líneas conformaban rutas para los peregrinos, y que «los dibujos habrían sido creados para advertir al dios alado y volador llamado Kon que había arribado a Nasca, donde le aguardaban sus sacerdotes y sus fieles». Pese a que los atributos de Kon hagan pensar en una entidad alienígena, la historiadora se desmarca muy pronto de la cuestión extraterrestre: «Algunas hipótesis son extravagantes por la necesidad humana de buscar lo maravilloso, que desligue a la persona de su monótono diario vivir y le haga soñar con extraterrestres y un aeropuerto espacial», apunta Rostworowski, tal vez pensando en la popularidad que habían alcanzado las teorías de Erich von Däniken, expuestas

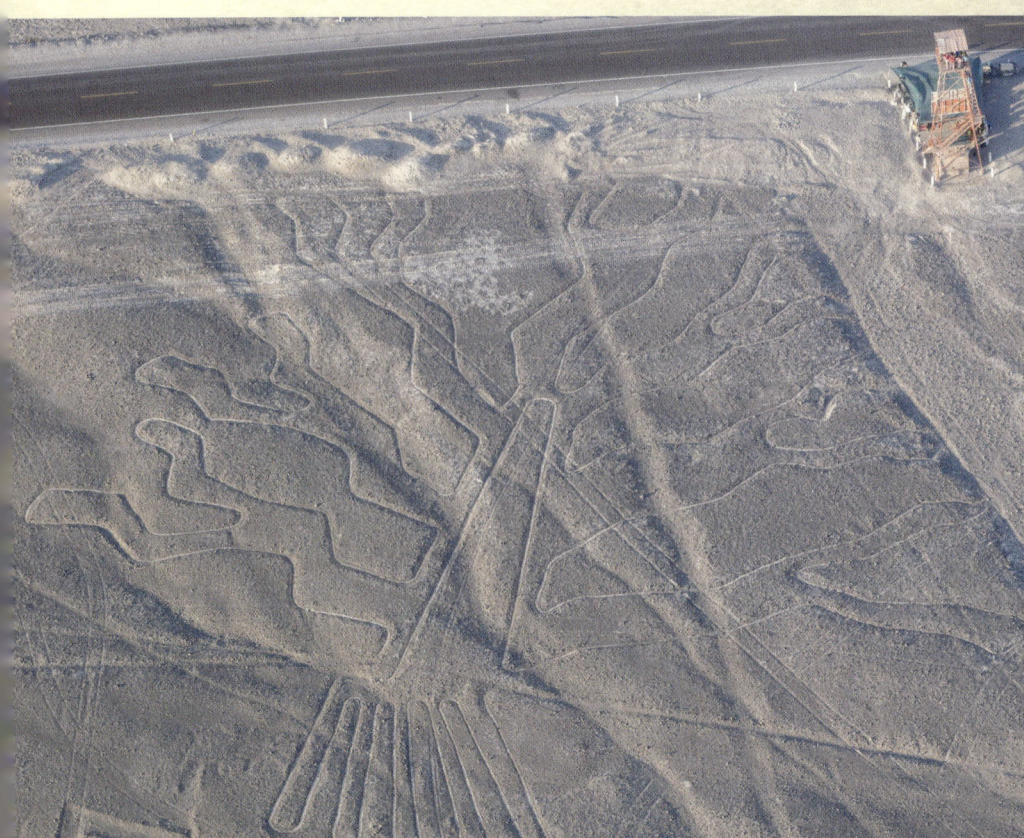

dos décadas antes. Sin embargo, al presentarnos el que ella denomina mito de Kon, añade más misterio al ya de por sí enrevesado laberinto de Nazca.

«Según López de Gómara —escribe la autora—, en los inicios del mundo vino desde el septentrión a estas tierras un personaje llamado Kon, el cual no tenía huesos. Andaba o quizá más bien volaba, ligero y ágil, acortando las distancias [...]. Pobló la tierra de hombres y mujeres que vivían en la abundancia; sin embargo, por algún disgusto que le dieron, convirtió la tierra en desiertos estériles [...]. Más adelante apareció el dios Pachacamac, hijo del Sol y de la Luna, y convirtió a los hombres en gatos negros». Para subrayar la solvencia del relato, María Rostworowski añade la versión del mito ofrecida por Zárate, versión prácticamente idéntica con la salvedad de que éste califica tanto a Kon como a Pachacamac de "criadores", enfatizando la disputa entre ellos. Pero no contenta con esta segunda lectura, la historiadora recurre a la visión del mito que nos proporciona Gutiérrez de Santa Clara, quien se refiere a Cons —así llama a Kon— como una antiquísima deidad «que formó el cielo, el sol, la luna, las estrellas y la tierra y para poblarla dio vida a hombres, plantas y animales. Terminadas sus obras, se marchó caminando sobre el mar para subir al cielo. Pasado el tiempo apareció otro dios, Pachacamac, el reformador del mundo, quien con fuego y agua destruyó todo lo existente, convirtió a los hombres en monos y a las mujeres en zorras». En este punto, me permito un breve inciso en la narración de Rostworowski para aclarar una cuestión que considero importante. A propósito de la descripción de López de Gómara sobre la procedencia de Kon, éste indica que dicho personaje «vino desde el septentrión», esto es: procedía del norte. Sin embargo, en el castellano utilizado en el siglo XVI en América, el término septentrión no equivalía a norte, sino a "arriba", de manera que habría que reinterpretar el contexto de esa parte del relato con esta última acepción.

«El dios Kon —prosigue Rostworowski—, de acuerdo con las creencias de los paracas y los nasca, surcaría los cielos y quizá sólo aparecía en una determinada época del año. Los sacerdotes deseosos de indicarle y advertirle de su arribo a su tierra de origen, en

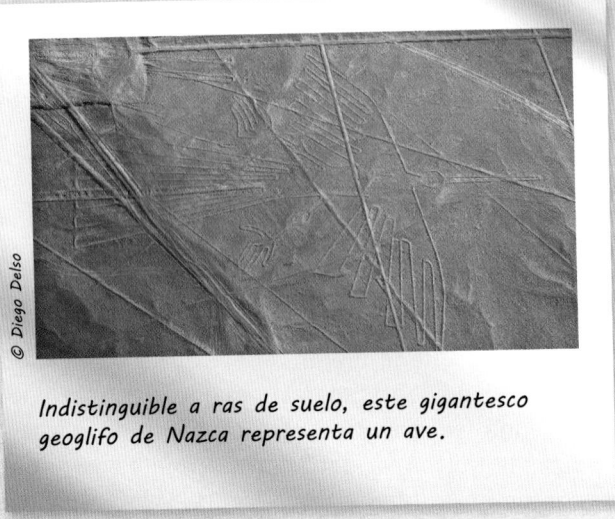
Indistinguible a ras de suelo, este gigantesco geoglifo de Nazca representa un ave.

lugar de edificarle grandes templos, idearon realizar en una inmensa pampa unos geoglifos y unos biomorfos para señalarle que sus fieles le aguardaban con ceremonias, ritos, sacrificios, bailes y fiestas. Así, los motivos para la existencia de los dibujos y líneas serían puramente religiosos y relacionados con el culto a la divinidad [...]. Si repasamos la iconografía, hallamos en los textiles y en la cerámica a una persona en actitud de volar con los pies replegados y oculta su faz bajo una máscara o una nariguera [...]. En algunas piezas, sobre todo en mantos, el protagonista es figurado de pie y posee un par de alas demostrando claramente a una divinidad voladora [...]. En otras culturas costeñas existieron también representaciones de personajes y seres alados y serían remanentes de creencias pretéritas. Dos fotografías de estos personajes se encuentran en el libro *Moche* (Lavalle, 1.985). Uno es un vaso en relieve con un individuo central alado con dos hileras de asistentes portando distintos objetos en las manos e igualmente alados. La segunda es la figura de un personaje femenino alado con trenzas, colmillos, tocado y calero en las manos. Alados son también los ángeles de la portada del Sol de Tiahuanaco e indica una tradición de seres alados». Un momento, ¿no son estos relatos sobre el misterioso Kon asombrosamente parecidos al mito de la creación sumerio? ¿Quién entregó a los habitantes de Nazca esta versión andina del *Enuma Elish*?

En su conocida obra *The anatomy of human destructiveness*, Erich From vincula el conocido relato sumerio con la transformación de la sociedad desde el matriarcado al patriarcado, objetivándolo en el cambio de paradigma de la fertilidad de la tierra como fuente de vida y la creación, a la razón como fuente de la creación humana. No hay duda acerca de la respetabilidad de quienes ven en este poema épico la historia de la eterna lucha entre el bien y el mal, entre el orden y el caos, pero, ¿cómo explicar que relatos de culturas tan alejadas entre sí, aceptando que puedan coincidir en un patrón básico, lo hagan también en los más mínimos detalles?

Kon, Marduk o Enlil; Pachacamac, Tiamat o Enki; la cuestión no es tanto resolver si pueblos alejados entre sí miles y miles de kilómetros, separados por un vasto océano y por desarrollos y culturas que aparentemente nada tenían que ver, coincidieron "casualmente" en el pormenorizado diseño de sus mitos creacionales. La cuestión que se nos antoja más relevante y que justificaría todo el esfuerzo de los habitantes de Nazca por construir sus geoglifos, es dilucidar si los personajes que muestran ambos relatos, por imposible que nos resulte asumirlo, fueron entidades de orden material pero superiores a los humanos, seres civilizadores que de hecho impulsaron nuestra propia civilización.

Hoy sabemos que la civilización de Nazca, poco antes de entrar en decadencia (siglo VI), intuyó de alguna manera que su fin estaba cerca. A finales de 2.008, el arqueólogo Giuseppe Orefici, director del Proyecto Nazca, descubrió la que tal vez fuera la última ofrenda de este pueblo antes de abandonar el territorio, consistente en un centenar de valiosos objetos e incluso restos de humanos que habrían sido sacrificados a los dioses. Al parecer, además de varias inundaciones provocadas por El Niño (el fenómeno climático que, según recientes teorías científicas, aceleró el "suicidio" de esta civilización), sus habitantes habrían sufrido al menos un terremoto de consecuencias devastadoras, desastres todos ellos que, en opinión de Orefici, provocaron una gran incertidumbre en la dirigente casta sacerdotal, cuyos integrantes estaban convencidos de que sus dioses ya no les escuchaban. De ahí aquella última y masiva ofrenda que, con todo, no pudo evitar que este misterioso pueblo se extinguiera definitivamente y, con él, desaparecieran las pruebas de qué o quiénes, aquí abajo o allá en las estrellas, les hubiesen rescatado antes de su inevitable colapso.

No hay duda de que las Líneas de Nazca constituyen el paradigma de estos inexplicables geoglifos dispuestos como para ser observados desde el cielo. Sin embargo, hay más "Nazcas" dispersas a lo largo y ancho del planeta, algunas tan insólitas y escasamente conocidas como la que pasaré a describirles a continuación. Su ubicación, en el desierto de Jordania, dice mucho acerca de la universalidad de este intrincado fenómeno, cuya misteriosa naturaleza estamos lejos de definir con exactitud.

UN FENÓMENO PLANETARIO

Jordania posee vestigios arqueológicos que se remontan a unos 9.000 años a. C., aunque la presencia de grupos humanos organizados podría ser muy anterior. Amoritas, nabateos, egipcios, hititas, asirios, babilonios, persas, griegos, romanos, árabes musulmanes, cristianos cruzados, mamelucos, otomanos y, más modernamente, británicos, dejaron sus huellas en el llamado Reino Hachemita, que no se constituyó en estado independiente hasta 1.950. No resulta extraño, pues, que su variopinta geografía esté salpicada de numerosos sitios arqueológicos, constituyendo un verdadero filón para los investigadores, que vienen realizando excavaciones en este territorio desde comienzos del siglo XIX.

Por aquellas fechas, concretamente en 1.812, Petra fue redescubierta —en lo que a los occidentales se refiere— por el explorador suizo Johann Burckhardt. Desde entonces y hasta nuestros días, el nombre de Jordania es asociado frecuentemente con ese importante enclave arqueológico. Si bien, como digo, este país ofrece mucho más que la célebre ciudad excavada en la roca, cuyo origen, por cierto, aún permanece envuelto en el misterio. Ammán, Áqaba, Madaba, Jerash, Wadi Rum, el mar Muerto, los castillos del desierto... son algunas de las paradas obligatorias señaladas por las guías turísticas. Otras no resultan tan evidentes, pero no escapan a la atención de académicos, arqueólogos, historiadores, aventureros y amantes de lo desconocido. Y ahora, un nuevo y sorprendente enigma parece haberse sumado a esta larga y sugestiva lista.

En junio de 2.011, la revista especializada Journal of archeological science publicó un fascinante estudio cuyo contenido —sobre todo el gráfico– dio la vuelta al mundo. No era para menos. Firmado por David Kennedy, profesor de historia clásica y antigua de la University of Western Australia, el informe muestra la existencia de una insólita versión de las Líneas de Nazca en el histórico Creciente Fértil.

Todo comenzó cuando Kennedy investigaba para un proyecto a largo plazo que pretende cartografiar Jordania –entre otros países– en busca de nuevos sitios arqueológicos utilizando medios aéreos. Sin embargo, en primera instancia, Kennedy no se movió de Australia para completar su parte en las labores de prospección. No lo necesitaba. Simplemente, recurrió a la herramienta Google Earth, dedicando horas y más horas a "sobrevolar" Jordania, Siria y Arabia Saudí. Aunque la tarea pueda parecernos diametralmente alejada del trabajo de campo de un arqueólogo, el producto de la misma dejó pasmado a más de uno de sus colegas. A vista de pájaro, Kennedy descubrió unas raras formaciones de piedra sobre el terreno basáltico, que le trajeron a la mente las célebres Líneas de Nazca peruanas.

Además, no se trataba de una o dos estructuras, sino que, al parecer, las ha contado por miles, dispersas en los tres países mencionados. El profesor Kennedy ha bautizado a algunas de las loca-

Líneas de Nazca en las Pampas de Jumana (desierto Nazca, Perú).

> Descubiertos por un piloto de la RAF en la década de 1.920, los extraños geoglifos del desierto de Jordania son el legado de los "hombres antiguos". O eso dicen los escasos beduinos que habitan esta inhóspita región.

lizadas en Jordania con el nombre de *wheels* (ruedas), ya que su apariencia circular y las líneas que irradian en su interior recuerdan a esa pieza mecánica. En cuanto a sus dimensiones, oscilan entre los 25 y los 70 metros de diámetro. Otra cuestión relevante es su antigüedad. En principio, Kennedy y sus colegas hablan de unos 2.000 años, aunque podrían ser mucho más antiguas, incluso prehistóricas. Pero, ¿cómo es posible que nadie las hubiera detectado antes? Bueno, en realidad eso no es del todo exacto.

El campo de estudio de este profesor australiano se centra en los vestigios arqueológicos de procedencia romana, muy abundantes en Jordania. Pero siendo muy joven —como él mismo recordaba en una entrevista para el portal LiveScience— quedó fascinado por las narraciones de varios pilotos de la Royal Air Force británica (RAF), que sobrevolaban con cierta frecuencia el lugar donde se han producido los hallazgos, allá en la década de 1.920, cuando la región todavía era conocida como Transjordania.

Uno de aquellos pilotos, enrolado en el servicio de correo aéreo, era el teniente Percy Maitland. Aunque el monótono y árido paisaje oriental jordano no ofrecía demasiados atractivos —o quizá por ello—, cierto día Maitland se fijó en unas extrañas formaciones que destacaban sobre la uniformidad del terreno basáltico. Su peculiar apariencia no le hizo albergar duda alguna sobre su naturaleza. Fuera lo que fuesen, parecía claro que aquellas estructuras habían sido fabricadas por el hombre. Fruto de aquellas observaciones y de sus pesquisas entre los grupos de beduinos que recorrían la región, el oficial británico publicó en 1.927 un breve artículo en la revista *Antiquity*. En el mismo, Maitland informaba de haberlas observado cuando volaba sobre el "País de lava", una vasta área semidesértica en la que el mineral predominante es el basalto.

También comentaba que aquellas formaciones no eran desconocidas para los beduinos de la región, que si bien no le ofrecieron detalles sobre el origen de las mismas, sí se refirieron a ellas como "las obras de los hombres antiguos". No es extraño que las evocadoras descripciones del teniente Maitland provocaran una honda curiosidad en Kennedy, quien muchos años después ha tenido la oportunidad de confirmar la veracidad de los testimonios de los pilotos británicos.

Precisamente, el hecho de que dichas estructuras sólo puedan verse desde el aire acrecienta el misterio que las rodea. Porque, ¿a los ojos de quién estaban destinadas? Y es que, como subrayaba este profesor australiano, «en ocasiones, incluso estando prácticamente a su lado, es casi imposible advertir que forman un patrón concreto. Sin embargo, a unos cientos de metros de altura, se aprecia su contorno con inusitada claridad... Es muy probable que las caravanas hayan pasado sobre ellas a lo largo de los siglos, tal vez milenios, sin que nadie tuviera la más remota idea de lo que eran o de la forma que tenían», declaraba Kennedy.

Desde el hallazgo de la Nazca de Jordania —o de las también recientes de Kazajstán, Rusia y China— los investigadores del fenómeno de los geoglifos han comenzado a preguntarse si no existió una remota cultura global cuyas manifestaciones arquitectónicas se atuvieran a una especie de plan cuyo significado sólo comprenderían "los hombres antiguos" que lo pusieron en marcha.

Geoglifo conocido como El Mono de Nazca.

capítulo IX

LOS ANASAZI Y EL MISTERIO DEL CAÑÓN CHACO

«Langdon vio ciclomotores, autobuses turísticos y ejércitos de coches en miniatura que se movían en todas direcciones. "Koyaanisqatsi", pensó, al recordar la palabra que utilizaban los indios hopi para designar la vida desequilibrada».

Dan Brown (*Ángeles y demonios*).

Fajada Butte en Cañón del Chaco; © Nagel Photography (págs 219-220)
Mapa mostrando la extensión de la antigua civilización Anasazi; Huhsunqu (pág 221)
Fajada Butte, en Cañón del Chaco; © National Park Service (pág 222)
Palacio del Acantilado; © National Park Service (págs 224-225)
Vistas del Palacio del Acantilado en el parque nacional Mesa Verde; © Tobi 87 (págs 226-227)
Petroglifo de Butler Wash; © Francisco González (pág 235)
Petroglifo de Sego Canyon; © Francisco González (pág 236)
Imagen mosaico de la Nebulosa del Cangrejo; NASA (pág 241)

Pese a su continuidad en el tiempo y al extraordinario legado cultural que ha trascendido hasta nuestros días, las tribus nativas de América constituyen un enigma desde muchos puntos de vista. Para empezar, nadie sabe verdaderamente desde cuándo están ahí y se tiende a agrupar en categorías demasiado heterogéneas a etnias que poco tienen que ver unas con las otras. La teoría del poblamiento tardío del continente americano o Teoría Clovis, si bien cuenta con el apoyo del *establishment* académico, cada vez parece más alejada de la evidencia material, aunque dicha evidencia sólo cuente con el apoyo de un puñado de científicos suicidas.

> «[...] la Teoría Clovis sostiene que aproximadamente entre 14.000 y 12.000 a. C., un reducido grupo de humanos provenientes de Siberia se desplegó por el continente americano a través del estrecho de Bering.»

A grandes rasgos, recordemos que la Teoría Clovis sostiene que aproximadamente entre 14.000 y 12.000 a. C., un reducido grupo de humanos provenientes de Siberia se desplegó por el continente americano a través del estrecho de Bering; esto es, cruzó hasta la actual Alaska aprovechando el puente natural que se había creado como consecuencia del descenso en el nivel de las aguas, que se produjo durante la Edad de Hielo y, desde Alaska, fue descendiendo hacia el sur, constituyó la Cultura Clovis y se expandió definitivamente al resto de América.

Como ya he mencionado, esta hipótesis del poblamiento tardío de América tiene el sustento de los centros de poder de la comunidad científica internacional, pero esto no quiere decir que esa élite científica, por mayoritaria que sea, tenga la razón de su parte. Entre otras cosas, cabe señalar que esa élite científica omite o soslaya un pequeño gran detalle: muchísimo antes de la fecha señalada para dicha migración (14.000 a 12.000 a. C.) ya había seres humanos viviendo, no en Alaska, sino tan al sur como en Pedra Furada, en Brasil, donde dataciones con Carbono 14 han confirmado presencia humana tan temprana como 60.000 años antes de nuestra era. ¿Qué hay de esos 46.000 años que median entre la migración oficial de Bering y la presencia humana en Pedra Furada? ¿Acaso eran menos humanos nuestros antepasados

Capítulo IX: Los anasazi y el misterio del Cañón Chaco

brasileños que los que procedían de Siberia? Va a ser que no, que no eran menos humanos, pero al parecer carecían de pasaporte, eran y siguen siendo unos indocumentados, al menos en lo que a la Historia oficial se refiere.

Y no vayan a pensar que Pedra Furada es un caso aislado. Además de este yacimiento arqueológico, los partidarios del problamiento temprano —que así se llama la postura no oficial y opuesta a la Clovis— pueden aducir los siguientes sitios igualmente datados con C14: Topper, en Carolina del Sur (50.000 a. C.); Monte Verde, en Chile (33.000 a. C.) o la Cueva del Pendejo, ubicada en Nuevo México, donde nuestros remotos ancestros trocearon un bisonte nada menos que en 51.000 a. C.

Algo falla en la composición de ese puzzle llamado América. De hecho, ni siquiera las tribus nativas más conocidas y cercanas a nuestros días, las que habitaron la meseta central de EEUU, ayudan a esclarecer este verdadero rompecabezas.

BAJO EL ACANTILADO

Siglos antes de que los europeos llegaran a América, los últimos miembros de la civilización anasazi, la más sofisticada del territorio que ahora ocupa EEUU, desaparecieron de forma abrupta e inexplicable, dejando atrás los espléndidos edificios que prácticamente acababan de levantar. Las tradiciones orales de sus pretendidos herederos —los hopi, entre otras tribus— cuentan que, simplemente, los anasazi recibieron "una señal" que les conminó a marcharse, si bien no hay uno solo de estos relatos que explique las razones de tan repentino éxodo ni, tampoco, dónde fueron a parar sus protagonistas, si es que fueron a alguna parte.

En cualquier caso, algo ocurrió en algún momento del siglo X. Los anasazi, que antes vivían en terrenos elevados pero abiertos, cercanos a las plantaciones y a sus territorios tradicionales de caza, modificaron drásticamente sus hábitos y comenzaron a levantar sus características viviendas en acantilados, verdaderas colmenas construidas con ladrillos de adobe, madera y otros materiales a su alcance. El esfuerzo que requirió erigir estos edificios fue enorme, habida cuenta que los anasazi no conocían la rueda ni disponían de animales de tiro o carros... que sepamos. Además, tampoco había árboles en los alrededores, estimándose en 250.000 las toneladas de madera que emplearon en la construcción de sus sofisticadas viviendas. ¿Cómo la transportaron hasta sus alejados y desérticos asentamientos? En la actualidad, cualquiera que visite estas extraordinarias construcciones, advertirá muy pronto que el mero hecho de escalar hasta alguna de ellas no debió resultar tarea fácil. ¿Qué les llevó a vivir en lugares semejantes? ¿A qué o a quién temían? Paradójicamente, existen muy pocas evidencias de que los anasazi tuviesen enemigos cercanos o importantes. Si acaso, unos pocos restos de individuos atribuidos a esta civilización —si es que realmente se trata de anasazis— parecen tener señales de muerte violenta. Sea como fuere, debieron tener muy buenas razones para esconderse en los acantilados.

> «[...] anasazi es una palabra proveniente del atabascano —la lengua hablada por los navajo—, cuyo significado más aproximado sería el de "antepasados enemigos".»

Quizá éste sea el hecho que más ha desconcertado —y continúa haciéndolo— a los estudiosos de dicha civilización, pero no es ni mucho menos el único. De hecho, ni siquiera sabemos a ciencia cierta por qué nombre se identificaban como entidad social. Al fin y al cabo, anasazi es una palabra proveniente del atabascano —la lengua hablada por los navajo—, cuyo significado más aproximado sería el de "antepasados enemigos". Un momento, ¿enemigos? ¿Por qué los hopi, los navajo y otras tribus de la región siguen arrogándose el derecho a ser los verdaderos descendientes de un pueblo enemigo? A continuación, intentaré responder a esta y a otras fascinantes cuestiones.

Entre los siglos VI y XIII de nuestra era, los anasazi habitaron el interior de una vasta área fronteriza con los estados de Arizona, Utah, Colorado y Nuevo México, región conocida como las "Cuatro Esquinas". Popularizado gracias al cine de Hollywood o, más concretamente, al género del western, este espacio árido, caracterizado por sus inclementes desiertos y espectaculares cañones, resulta fácilmente reconocible a ojos de todo el mundo. Se trata de un paisaje grandioso, enormemente bello, pero su clima extremo y escasa vegetación lo convierten en el peor de los escenarios para la vida humana. No obstante, los anasazi se adaptaron bien a dicho entorno, tanto que abandonaron las costumbres nómadas de sus antepasados y se instalaron en él, aprovechando al límite los escasísimos recursos que tenían a su alcance.

Su legado arqueológico nos dice que comenzaron a vivir en las "mesas", zonas elevadas del terreno con la cima llamativamente plana, cuyas vertientes suelen ser taludes especialmente abruptos. Al abrigo de estos acantilados, protegidos del sofocante calor en verano y las frecuentes nevadas en invierno, los anasazi construyeron sus característicos "pueblos", nombre que designa tanto a sus asentamientos como a varias de las etnias con las que compartieron espacio (Indios Pueblo).

> El interior de una vasta área fronteriza con los estados de Arizona, Utah, Colorado y Nuevo México, región conocida como Las Cuatro Esquinas, fue habitado por varias etnias englobadas bajo la denominación de "Indios Pueblo".

Por extraño que parezca dada la espectacularidad de sus edificios, los poblamientos anasazi pasaron inadvertidos hasta finales del siglo XIX, al menos a ojos del "hombre blanco". El descubrimiento se produjo de forma casual. Concretamente, el 18 de diciembre de 1.888, una intensa nevada sorprendía a Richard Wetherill y Charlie Mason, dos cowboys del Valle Mancos, al suroeste del estado de Colorado (EEUU), mientras buscaban varias reses extraviadas.

Al objeto de localizarlas, ambos vaqueros cabalgaron hasta la posición más elevada de un desfiladero, desde el cual escudriñaron el horizonte en busca de los animales perdidos. En un momento

dado, en mitad de una ventisca que casi no les permitía avanzar, observaron, justo al abrigo del cañón que tenían enfrente, lo que más tarde describieron como una ciudad de ensueño. Wetherill y Mason acababan de convertirse en los primeros no nativos que veían Cliff Palace (Palacio del Acantilado), como se conoce a este extraordinario hito del urbanismo ubicado en el legendario oeste americano.

Hoy, los visitantes que acuden a Mesa Verde, enorme parque nacional que contiene algunos de los edificios más representativos de los anasazi, siguen asombrándose ante la visión casi fantasmal de este inaudito palacio rupestre, enclavado en el mayor poblamiento de viviendas en acantilado de América del Norte. Como ocurre con tantas y tantas ruinas de la antigüedad, hay algo que no cuadra en Cliff Palace.

En los primeros siglos de nuestra era, mientras sus vecinos se protegían de la intemperie en el interior de someros tipis o en cuevas, los anasazi levantaron insólitos edificios de hasta cinco plantas, un modelo que no se reprodujo en el resto de Norteamérica hasta bien entrado el siglo XIX. También erigieron amplias habitaciones circulares excavadas en el suelo y diseñadas en clave astronómica, algunas capaces de albergar a cientos de individuos. Conocidas como *kivas*, se intuye que en el interior de estas estructuras se practicaron cultos religiosos muy elaborados, en su mayor parte desconocidos, aunque más que probablemente vinculados con los ciclos de la naturaleza y ciertas entidades invisibles. El más célebre y mejor estudiado de estos edificios es Casa Rinconada. Levantada en mitad del Cañón Chaco, su aspecto y características recuerdan y mucho al célebre monumento megalítico de Newgrange, en Gran Bretaña.

Las viviendas de los anasazi recuerdan y mucho a las de los habitantes de Çatal Höyük, sólo que las construidas por los nativos norteamericanos tenían varias plantas. Extrañamente, este modelo de edificación no se reprodujo en EEUU hasta bien entrado el siglo XIX.

COSMOS SUBTERRÁNEO

La modernidad de los edificios anasazi contrasta con el tópico que presenta a los nativos americanos como tecnológicamente poco avanzados.

Construida sobre una colina aislada, a unos dos kilómetros del asentamiento de Pueblo Bonito, la *kiva* de Casa Rinconada se erigió alrededor del año 1.000 d. C. Probablemente a imitación del cosmos, llama la atención su diseño circular, con unos veinte metros de diámetro y una profundidad que oscila entre los cinco y seis. La disposición de los elementos en su interior es similar a la de otras *kivas* anasazi. Así, en el mismo puede apreciarse un fogón central, cámaras para contener alimentos u objetos ceremoniales, asientos para los participantes en las ceremonias, un foso también circular que conectaba simbólicamente con el inframundo y cuatro hoyos orientados cardinalmente, que en su día debieron contener las vigas que sostenían el techo del edificio.

«Conocidas como kivas, se intuye que en el interior de estas estructuras se practicaron cultos religiosos muy elaborados, [...] probablemente vinculados con los ciclos de la naturaleza y ciertas entidades invisibles.»

Conocidos como kivas, los edificios ceremoniales de los Indios Pueblo son muy similares a monumentos megalíticos como el británico de Newgrange.

También destaca un pasadizo bajo tierra que permitía acceder al interior de la *kiva* sin que los presentes en la misma detectasen a su discreto usuario. Es posible que dicho honor recayese en el líder de la comunidad o en una especie de sumo sacerdote, quien aparecería por sorpresa arrogándose el papel de embajador del inframundo o *Sipapu*, término este último con el que los anasazi y los hopi designaban el reino subterráneo de los espíritus.

Además, a lo largo de sus paredes se practicaron 34 nichos, quizá para albergar algún tipo de ofrendas o, quién sabe, antorchas que simbolizaran las estrellas del firmamento. A propósito de estos nichos, un somero vistazo a los mismos persuadiría al espectador de que su disposición espacial resulte aleatoria. Al menos uno de ellos cumplía una misión trascendente.

La *kiva* de Casa Rinconada posee dos accesos, uno orientado al sur y al sol del mediodía y otro, en el lado opuesto, a la estrella polar. Pues bien, en el amanecer del solsticio de verano, los rayos del sol penetran por una ventana situada a la derecha del acceso norte, incidiendo en un nicho concreto durante varios minutos. No sería raro que dicha cavidad contuviese un objeto de poder, tal vez una estatuilla o un espejo, quizá para materializar algún tipo de ritual de carácter mágico.

El hallazgo de báculos, semillas de estramonio –un potente alucinógeno–, la estructura de las *kivas* y ciertas escenas en sus petroglifos, hacen suponer que los anasazi practicaban el chamanismo o algún tipo de religión animista. Sólo así se explicaría la existencia de sus carreteras convergentes en el Cañón Chaco –epicentro de su espiritualidad– o su obsesión por los eventos celestes.

Además, también se han hallado altares probablemente destinados a uso ceremonial. Por otra parte, sabemos que los anasazi adoraban al dios Kokopelli y a los *kachinas*, cultos que más tarde se integraron en el *corpus* de creencias de los hopi y otras tribus de la región. En ausencia de fuentes escritas –insisto en que los anasazi no conocían la escritura–, los investigadores han debido conformarse con el único legado gráfico de este misterioso pueblo: sus pinturas rupestres. Sin embargo, no es ni mucho menos fácil discernir el significado de la mayoría de estas muestras.

Sirven como ejemplo los petroglifos de Sego Canyon o Butler Wash –aunque hay muchos más–, cuyas inquietantes pinturas desafían nuestra lógica. En ambos enclaves, los partidarios de la teoría de los visitantes extraterrestres creen ver humanoides y artefactos alienígenas, dada la extrañeza de los personajes y objetos representados. Al contrario, la mayoría de an-

Un haz de luz incide en el calendario solar prehistórico construido en Fajada Butte.

tropólogos y etnobotánicos se inclinan por la hipótesis chamánica, aduciendo que dichas pinturas son producto de los viajes alucinatorios de los brujos anasazi.

De lo que no hay duda es de que los anasazi dedicaron mucho tiempo, esfuerzo y recursos a la construcción de edificios que, extrañamente, nada tenían que ver con la tradición arquitectónica de los pueblos nativos de aquella región, pero sí con la mesoamericana o incluso con la megalítica europea. ¿De dónde extrajeron aquellas ideas? ¿Acaso estuvieron dirigidos por unos instructores llegados de otra parte?

© Francisco González

Recientemente, imágenes por satélite detectaron la existencia de numerosos caminos que parecían converger en el Cañón Chaco. La opinión de los expertos coincide en que se trataba de rutas ceremoniales utilizadas por los nativos Pueblo.

Hay quien ve en los diseños anasazi ciertas similitudes con la cultura mexicana de Paquimé, como por ejemplo las características puertas con forma de "T" que podemos observar en Casa Rinconada y en otros enclaves. E incluso quien sugiere que los

Capítulo IX: Los anasazi y el misterio del Cañón Chaco

anasazi no son originarios del suroeste de Norteamérica, sino que habrían llegado hasta allí provenientes de Suramérica, bien a través de México o —por mar— del Golfo de California. Eso explicaría que su arquitectura parezca surgida de otro lugar. ¿Cómo explicar, si no, que construyesen carreteras en mitad del desierto, pistas que nos recuerdan a las célebres Líneas de Nazca?

Las figuras antropomorfas plasmadas en Sego Canyon parecen provenir de otra realidad.

En la primavera de 1.982, la NASA fotografió el Cañón Chaco utilizando un escáner avanzado que medía la radiación térmica infrarroja que emite el suelo, con una precisión de 0,1 grados centígrados. Cuando los expertos de la agencia espacial norteamericana revisaron las datos proporcionados por dicho instrumento, su sorpresa fue mayúscula. En las imágenes, además de los caminos y carreteras modernas, se veían claramente otras rutas de comunicación que nadie había detectado con anterioridad. De hecho, a simple vista, se trataba de amplias carreteras como las que conocemos en la actualidad, salvo por una característica muy peculiar: su trazado era llamativamente recto y, en algunos casos, éste se prolongaba "saltando" obstáculos como cañones y montañas. Además, las carreteras en cuestión, dispuestas en haz, convergían en puntos concretos del Cañón Chaco.

Para confirmar que no se había producido un error en la telemetría y a propuesta de la propia NASA, investigadores del Chaco Canyon Research Center estudiaron estas anomalías sobre el terreno, confirmando no sólo la existencia de aquella compleja red viaria, sino que, gracias a la datación de diversos sedimentos y artefactos que proliferaban en dichas rutas, las carreteras en cuestión habían sido trazadas por los anasazi más de mil años antes. Pero, ¿era esto posible? ¿Cómo un pueblo que no conocía la rueda ni utilizaba animales de tiro fue capaz de llevar a cabo una obra de tamaña envergadura? Además, ¿por qué desperdiciar tanta energía haciéndolo?

En realidad, conforme avanzaron las indagaciones, los arqueólogos se mostraban más y más confusos. Para empezar, ninguna de las tribus vecinas de los anasazi —y me refiero a miles de kilómetros alrededor de los asentamientos de este pueblo— construyó nada ni remotamente parecido a una carretera, de modo que se trataba de una red de uso exclusivo para esta etnia. Por otra parte, no se trata de veredas estrechas para sortear la maleza, sino de vías con hasta diez metros de ancho que se prolongaban centenares de kilómetros y siempre —insisto— en línea recta.

Según la paleoetnobotánica, estos petroglifos de Sego Canyon representarían alguna clase de planta, seguramente enteógena.

Abundando sobre este último detalle, resulta inquietante que algunas de estas rutas terminaran en la pared vertical de una montaña, en el filo de un precipicio o en pleno desierto. ¿Con qué objeto? Tras décadas de estudio y a falta de respuestas concluyentes, los investigadores de la cuestión han planteado hipótesis divergentes. Por un lado, arqueólogos como Harold Gladwin y Neil Judd sugieren que las carreteras sirvieron para transportar madera hasta los asentamientos situados en el Cañón Chaco, dado que en este último lugar ni hay ni hubo árboles, tesis confirmada por la tradición oral de los indios navajo.

> Dada la extrañeza de las figuras y símbolos representados, el contenido de las mismas divide a antropologos —que ven en ellas el producto de ceremonias chamánicas— y ufólogos, que no tienen dudas de estar frente a la evidencia de "visitas extraterrestres".

Por otro, Anna Sofaer y Rich Friedman han propuesto que estas rutas tuvieron una finalidad ritual, esto es: no se trataba de carreteras propiamente dichas, sino de caminos de índole ceremonial. En concreto, ambos estudiosos afirman que el Cañón Chaco fue un importante centro de peregrinación, sin duda dirigido por los anasa-

zi, y que las carreteras sirvieron para conducir a los fieles desde los poblamientos más alejados hasta este enclave, idea que defiende la tradición oral de los hopi, entre otros pueblos del Chaco. No obstante, ¿qué había —o sigue habiendo— en este lugar para despertar semejante devoción?

Centrándose en la hipótesis procesional de las "autopistas" anasazi, Anna Sofaer especula con que dichas rutas conectaron los asentamientos de este pueblo con sus centros ceremoniales, donde a la vista de las imágenes de la NASA parecían converger intencionadamente. Por ejemplo, cree que los anasazi identificaban el Cañón Kutz con el inframundo —o Sipapu, como siguen denominando

los hopi y otras tribus de la región al mundo de los muertos o los espíritus–, en tanto que la cima de Hosta Butte representaría una especie de observatorio desde el cual presenciaban ciertos eventos celestes. En conclusión, el Cañón Chaco habría servido como lugar físico donde se materializaba la cosmogonía anasazi.

A propósito de esto último, la propia Sofaer realizó un sorprendente descubrimiento en 1.977, mientras estudiaba diversas muestras de arte rupestre de la región atribuidas a los anasazi. En concreto, la investigadora descubrió dos petroglifos con forma de espiral que permanecían parcialmente tapados por tres enormes losas de arenisca, piedras que reposaban de perfil sobre una de las laderas en la cima de la espectacular Fajada Butte, una de las "mesas" del Cañón Chaco.

Pues bien, llegado el mediodía, Sofaer advirtió que la luz del sol, filtrada a través de aquellas grandes losas verticales, se proyectaba sobre una de las espirales, dejando una especie de haz luminoso que atravesaba el petroglifo justo por la mitad, efecto que ella bautizó con el nombre de *sun dagger* (daga del sol). Tras reflexionar sobre el fenómeno, la investigadora ató cabos, concluyendo que los anasazi habían dispuesto las losas de forma intencionada, al objeto de que éstas señalasen el momento exacto del solsticio de verano. De hecho, Sofaer regresó al año siguiente para observar qué efectos tenían los equinoccios y solsticios sobre aquellas espirales. Los resultados la persuadieron de que los anasazi, alrededor del año 1.000, habían configurado en aquel significativo enclave un calendario solar a fin de delimitar con exactitud el paso de las estaciones.

Investigaciones más recientes han barajado la posibilidad de que, además, el calendario de Fajada Butte también habría servido para medir la "superluna", un fenómeno que se produce con una frecuencia de entre 15 a 18 años y tiene lugar cuando la órbita de nuestro saté-

> «[...] los anasazi identificaban el Cañón Kutz con el inframundo, en tanto que la cima de Hosta Butte representaría una especie de observatorio desde el cual presenciaban ciertos eventos celestes.»

lite coincide con el perigeo —máxima aproximación a la Tierra— durante la luna nueva o llena, circunstancia que los sacerdotes anasazi quizá aprovecharon para predecir sucesos celestes, tal vez eclipses, con los evidentes beneficios que esto habría reportado a su prestigio.

Además de los petroglifos de Fajada Butte, otras marcas rupestres sustentan la idea de que los anasazi prestaban una inusual atención a esta clase de fenómenos. En concreto, se trata de unos grabados localizados en los alrededores de Peñasco Blanco, también en el Cañón Chaco. Los dibujos representan una mano humana, una media luna y una estrella de grandes dimensiones.

Constelación de Orión (también conocida como El Cazador). Algunos de los petroglifos hallados en la región parecen subrayar la preocupación de los anasazi por los eventos celestes.

La datación del asentamiento de Peñasco Blanco sugiere que los diseños fueron realizados en torno a 1.050 y, teniendo en cuenta los antecedentes astronómicos de los anasazi, se especula con la posibilidad de que estos nativos quisieron dejar constancia de un suceso cósmico sin precedentes. ¿Representa esta pintura la aparición en 1.054 de la supernova del cangrejo, que según astrónomos chinos y árabes de la época fue ampliamente vista en la Tierra? ¿Es posible que los anasazi interpretaran la aparición de esta "estrella invitada" como un signo catastrófico, al igual que lo hicieron otras civilizaciones?

Capítulo IX: Los anasazi y el misterio del Cañón Chaco

Es más, muy cerca de esta pintura hay otra apenas visible que muestra tres círculos concéntricos y, a la derecha de los mismos, una especie de llamas rojas con apariencia amenazadora. ¿Observaron también los anasazi la irrupción del cometa Halley, producida pocos años después y tomada como el peor de los presagios por muchos pueblos alrededor del mundo? ¿Tuvieron que ver estos y otros sucesos cósmicos con la decadencia y desaparición de un pueblo volcado hacia las estrellas?

En su obra *Colapso*, el célebre científico norteamericano Jared Diamond se preguntaba por qué unas sociedades perduran y otras desaparecen sin apenas dejar huella de su evolución y sus avances tecnológicos, poniendo como ejemplo de estas últimas a las civilizaciones maya, rapa nui (Isla de Pascua) y, cómo no, anasazi. Entre otras, las respuestas que proporciona Diamond nos dirigen, a modo de advertencia, a que estas sofisticadas sociedades desaparecieron como consecuencia de catástrofes ecológicas que ellas mismas

Petroglifo de Peñasco Blanco que señala la aparición en 1.054 de la "supernova del cangrejo", también constatada por antiguos astrónomos chinos y árabes.

> «[...] teniendo en cuenta los antecedentes astronómicos de los anasazi, se especula con la posibilidad de que estos nativos quisieron dejar constancia de un suceso cósmico sin precedentes.»

provocaron. En todos los casos, el dramático colapso de estos pueblos pareció sobrevenir tras el agotamiento de sus recursos naturales, unido a graves sequías o alteraciones significativas del clima. No obstante, aún hay descendientes de mayas y pascuenses, en tanto que la pista de los anasazi se perdió para siempre.

¿Dónde fueron los misteriosos habitantes del Cañón Chaco, habida cuenta que no parece haber continuidad étnica —sólo geográfica— entre los anasazi y sus pretendidos descendientes?

Cualquiera diría que se los tragó la tierra y, de hecho, las leyendas de sus supuestos herederos, los hopi, animan a buscarles precisamente ahí.

Con una población aproximada de 10.000 individuos, la mayoría de indígenas hopi viven actualmente en Arizona, en una reserva federal del pueblo navajo, paradójicamente sus enemigos históricos. Nada ha sido fácil para esta etnia, uno de los escasos grupos aborígenes que ha mantenido su cultura

> «[...] muy cerca de esta pintura hay otra apenas visible que muestra tres círculos concéntricos y, a la derecha de los mismos, una especie de llamas rojas con apariencia amenazadora.»

intacta hasta nuestros días... afortunadamente. Y es que los hopi poseen un asombroso *corpus* de creencias, mitos creacionales y profecías.

Precisamente uno de estos relatos, el que alude al proceso humano como caracterizado por la aparición y posterior desaparición de una civilización específica, los hopi subrayan la existencia de un "pueblo de las hormigas" habitante de un "mundo subterráneo", entorno al que los humanos han regresado —y continuarán haciéndolo— tras episodios cíclicos de destrucción global. Obviamente, ni historiadores ni arqueólogos se toman en serio estas narraciones, más del agrado de antropólogos, mitólogos y de algún que otro investigador sin miedo a perder su reputación.

Cuatro mujeres de la etnia Hopi posan frente a una típica edificación de los Indios Pueblo en 1.906.

Edward S. Curtis (1.868 - 1.952)

Este último es el caso del abogado y arqueólogo amateur Marco Pizzuti, quien en su libro *Descubrimientos arqueológicos no autorizados* desvela ciertos indicios que —siempre en su opinión— demostrarían la existencia real de dicho inframundo. Pizzuti alude a dos artículos publicados en la primavera de 1.909 en sendos periódicos del estado de Arizona, concretamente el Phoenix Gazette y el Arizona Gazette, diarios que recogieron el informe de un explorador llamado G. E. Kinkaid:

«Hace unos meses Kinkaid recorrió en barca el río Colorado en dirección a Yuma [comienza el relato de los supuestos hechos] y descubrió accidentalmente la gran ciudadela subterránea del

Gran Cañón [...]. La entrada está a unos 450 metros por debajo del gran barranco. Está ubicada en terrenos del Gobierno y cerrada a los visitantes»

Desde el supuesto descubrimiento de aquella ciudadela subterránea efectuado por el misterioso explorador, nadie parece haber hallado el más leve indicio que demuestre su existencia. Lo cual no quiere decir que no esté allí. De hecho, a lo largo y ancho del planeta son muy numerosas las evidencias que dan fe de la realidad de estas estructuras bajo tierra. Pasadizos y túneles de muchos kilómetros recorren Centroeuropa e Irlanda, y son sobradamente conocidas las ciudades subterráneas de Capadocia, por poner sólo algunos ejemplos. ¿Existieron civilizaciones intraterrestres? No puedo responder a esta polémica e inquietante cuestión, pero a continuación les mostraré las pruebas de que nuestros antepasados, por alguna misteriosa razón, eligieron —o se vieron obligados— a vivir bajo la superficie de la Tierra.

> Las leyendas de los Indios Pueblo hablan de entidades voladoras que se manifestaron ante sus antepasados y de misteriosos habitantes de ciudades subterráneas.

Nativos de la etnia Pueblo del estado de Nuevo México ejecutan la tradicional "Danza del Águila".

243

capítulo X

DE ESTIRIA A CAPADOCCIA: UN ENIGMA INTRATERRESTRE

«Si me preguntaran cuál fue la más sublime entre las innumerables impresiones que recibí en el viaje, respondería sin duda: ¡Shambhala!».

Nikolái Roerich (*El corazón de Asia*).

Antigua escalera de piedra en Capadoccia; © ehrlif (págs 244-245)
Vista panorámica del norte de Estiria; © Steindy (págs 250-251)
Entrada del puerto de Lindau sobre el Lago de Constanzao; © Markus Bernet (pág 252)
Vista panorámica de Capadocia; © Francisco González (págs 260-261)
La Puerta de los Leones en Boğazköy; © Bernard Gagnon (págs 264-265)
Interior de una de las chimeneas de hadas de Capadocia; © Francisco González (pág 267)
Chimeneas de hadas formación de roca cerca de Göreme; © Der Wolf im Wald (págs 270-271)

Para la mayoría de nosotros, el término "Inframundo" sugiere un paisaje tortuoso, siempre bajo la superficie de la tierra, habitado por demonios y seres alguna vez mortales caídos en desgracia; o, al contrario, por entidades angélicas que custodian archivos arcanos de una raza primigenia. Es así porque numerosas tradiciones a lo largo y ancho del planeta describen un lugar parecido en sus *corpus* de mitos y creencias. Sin embargo, para todas estas culturas se trata de un espacio imaginario, de manera que carece de entidad física y resulta inútil tratar de encontrarlo en los mapas.

No obstante, en varios de estos relatos sobre el Inframundo se propone la existencia de puertas que conducen a esa dimensión, si bien su acceso está fieramente protegido o sólo es conocido por un puñado de iniciados. Así, algunas de estas leyendas señalan entradas físicas en lugares recónditos de una montaña, edificios ocultos en un paisaje cubierto por la nieve o ciudades perdidas a las que es imposible llegar por medios convencionales. Además, muchos de esos mitos han puesto nombre a estos reinos secretos, de manera que el ansia por descubrir Agartha, Shambhala, Akakor y tantos otros ha ocupado la imaginación o el esfuerzo de un buen número de buscadores de lo ignoto. Obviamente, el resultado de esas pesquisas ha sido el esperado: no hay reinos celestiales ni telúricos bajo la tierra que pisamos.

> Si bien algunos de estos pasajes subterráneos se han datado hacia la Edad Media, hay muchos otros que parecen haberse construido en tiempos mucho más pretéritos.

Sin embargo, no sabemos si por imitación de estos mitos del inframundo —a menudo concretados en cultos de adoración a dioses ctónicos— o por necesidades más prosaicas —como protegerse de las fieras, los enemigos o un clima terriblemente adverso—, los humanos han buscado el abrigo de cuevas, excavado túneles e incluso construido sus viviendas bajo la superficie terrestre. Y, ahora sí, las evidencias de estos enclaves son palpables, reales y, a menudo, visitables por cualquiera de nosotros. Vayamos con algunos ejemplos.

Conocida como "el corazón verde de Austria", la región de Estiria está situada al sureste de este país centroeuropeo, proyectándose varias decenas de kilómetros hacia el interior de la vecina y

Capítulo X: De Estiria a Capadocia: un enigma intraterrestre

© Gerald Senarclens de Grancy (2.007)

El monte Erzberg, una de las mayores minas de Europa, ya era explotado en tiempos de los celtas, si no antes.

joven nación de Eslovenia. De manera que austriacos y eslovenos comparten este pulmón natural, que se hizo célebre durante el siglo XIX por atraer a la aristocracia europea y a los mejores alpinistas de ese continente.

Este último dato ya nos dice que Estiria es una región marcadamente montañosa, aunque en su orografía también encontraremos enormes bosques, abundantes praderas y grandes lagos. No obstante, uno de los mayores atractivos de la zona no se aprecia a simple vista. Y es que, sobre todo en las últimas décadas, Estiria se ha convertido en la meca de muchos aficionados a la espeleología, que recorren este inmenso parque natural a través de una vasta, insólita y en ocasiones peligrosa red de túneles subterráneos.

Uno de esos espeleólogos, a la sazón historiador, conoce estas misteriosas cavernas como la palma de su mano. Pero su acercamiento al laberinto de túneles de Estiria no fue de índole deportiva, sino debido a su faceta como especialista en la Prehistoria. Porque Heinrich Kusch está convencido de que el origen de este intrincado paisaje, horadado como si de una gigantesca termitera se tratara,

Portada de "Las puertas del Inframundo" escrito por Heinrich e Ingrid Kusch.

es mucho más remoto de lo que afirman la mayoría de sus colegas académicos, tal es así que lo sitúa en los albores de la civilización. Para defender su hipótesis, Kusch escribió *Las puertas del Inframundo*, un libro publicado en 2.009 cuya idea central surgió precisamente a raíz de sus experiencias en Estiria.

Resulta llamativo que el nombre de esta región austriaca se asocie con el inframundo, porque hubo otra Estiria, en la Grecia legendaria, igualmente vinculada con ese concepto de carácter simbólico y mistérico, o eso recordé al oír juntos el topónimo Estiria y el título del libro de Heinrich Kusch.

Según el relato del historiador y gran viajero Pausanias, Estiria era el nombre de una extraña ciudad situada sobre la cima de una montaña, en la región de Fócide. La ubicación de la urbe, ya de por sí llamativa, se tornó en nada conveniente cuando sus habitantes comprobaron que de los pozos cercanos no brotaba agua potable, lo que les obligaba a descender casi a diario una distancia de cuatro estadios.

Por fortuna para ellos, al pie de la montaña existía un soberbio manantial subterráneo y, tal vez debido a ello, consagraron allí mismo un santuario a Deméter, presidido por una estatua de la diosa esculpida en mármol y portando sendas antorchas en sus manos. Nadie mejor —pensé— que una Deméter ctónica, guardiana del inframundo, para custodiar un tesoro subterráneo, pues así debían considerar al líquido elemento los habitantes de la montañosa pero árida Estiria.

Ahora, alumbrándonos con las antorchas de Deméter, es momento de regresar a la Estiria centroeuropea, donde aguarda Heinrich Kusch, otro viajero impenitente —como Pausanias— cuyo mencionado libro acabó convirtiéndose en *best seller* en su Austria natal y en Alemania. También Kusch terminó siendo noticia. En parte gracias al éxito editorial de *Las puertas del Inframundo*, pero, sobre todo, a la polémica generada por la hipótesis que defendía en dicho trabajo: la existencia de túneles neolíticos —en incluso más antiguos— en toda Europa, desde Escocia hasta Turquía.

Probablemente porque estaba escrito en alemán, el contenido de la obra de Heinrich Kusch tardó en filtrarse en los medios de comunicación de habla inglesa. Sin embargo, en agosto de 2.011, la publicación de un artículo en el Daily Mail británico encendió la mecha de un incendio que a día de hoy sigue sin estar controlado.

La culpa del fuego, al parecer, la tuvo una mala traducción de ciertos pasajes del libro, que llegó a extender la idea de que los túneles neolíticos descritos por Kusch no eran cavernas o galerías aisladas, sino que se integraban en una vasta red subterránea e interconectada, tanto que habría propiciado que nuestros ancestros prehistóricos viajaran desde Turquía hasta Escocia sin necesidad de pisar la superficie, salvando incluso el escollo del Canal de la Mancha mediante túneles bajo el mar.

Sin embargo, eso no es lo que se dice en *Las puertas del Inframundo*, aunque, en efecto, su argumento central defienda la existencia de cientos de kilómetros de galerías subterráneas —cientos, no miles y miles de kilómetros incluyendo un tramo submarino— y también que los autores de dichos túneles eran humanos neolíticos, que los excavaron hace alrededor de 12.000 años, coincidiendo con un periodo especialmente dramático de la última Edad de Hielo.

Por sí sola, la hipótesis de Heinrich e Ingrid Kusch —su mujer es coautora del libro y de la teoría— es lo suficientemente explosiva como para que *Las puertas del Inframundo* causara cierta conmoción en ámbitos arqueológicos. La razón, entre otras, es que las dataciones de los túneles a los que se refieren

Heinrich Kusch defiende que muchos de los túneles que salpican Estiria fueron construidos hace alrededor de 12.000 años, y habitados por humanos que trataban de huir de un terrible cataclismo.

los Kusch en primera instancia, los de la región de Estiria, indican que fueron construidos hace unos 3.000 años, no 12.000, y esa amplia diferencia sirvió para que muchos de los colegas de Heinrich, profesor de prehistoria en la Universidad Karl-Franzen de Graz (Austria), le reprocharan su falta de rigor científico. Sin embargo, la hipótesis de los Kusch posee numerosos atractivos y no está tan alejada de la realidad como la tacharon sus detractores.

Por ejemplo, las dataciones de los túneles de Estiria ya eran objeto de debate mucho antes de la publicación de *Las puertas del Inframundo*, pues son muchas las voces que reivindican una antigüedad mucho mayor que el año 1.000 a. C., la cifra que maneja la arqueología ortodoxa. Por otra parte, su adscripción temporal no es el único problema que surge al interpretar este verdadero laberinto de túneles en Centroeuropa. Además de las enormes galerías, muchas de ellas con la suficiente altura para que se desplacen erguidos quienes las visitan, los espeleólogos han encontrado a lo largo de los años diversas cavidades mucho más amplias, como si de habitaciones se tratara. De hecho, el propio Kusch explica en su libro que en varias de estas salas descubrió extraños signos inscritos en las paredes, y rocas que parecían haber sido dispuestas como aras o altares para la práctica de algún tipo de culto reli-

gioso. A esta posible evidencia cabe añadir que muchas de estas galerías conectaban, ya en el exterior, con enclaves que estuvieron habitados en tiempos remotos e incluso con iglesias y cementerios actuales. Otro dato a tener en cuenta es que cuando comenzó a establecerse la minería del hierro en esta región, actividad que se constituyó en importante fuente de ingresos durante la Edad Media, los aldeanos se encontraron con que alguien se les había adelantado en el pasado, ya que muchas de estas vías subterráneas ya estaban excavadas.

Quiénes y para qué lo hicieron son dos misterios que nadie acierta a explicar convincentemente, pero la hipótesis del matrimonio Kusch no puede descartarse sólo porque no se ajuste a las dataciones oficiales, habida cuenta que en más de una ocasión hemos visto cómo ciertos hallazgos obligaban a reescribir importantes episodios de la Historia, retrasándolos en el tiempo de forma contundente.

Curiosamente, Estiria no es la única región europea donde se han detectado túneles y cámaras subterráneas cuya autoría y finalidad sigue constituyendo un misterio. El caso de Baviera, en Alemania, resulta paradigmático, pues en este territorio se han descubierto más de 700 galerías y habitaciones bajo tierra, alrededor de 200 más que en la propia Estiria.

También en Centroeuropa se labraron las poderosas piedras horadadas, megalitos que parecen garantizar la prevalencia de insondables misterios en su entorno.

Los arqueólogos bávaros llevan décadas explorando estas enigmáticas cavidades, que en Alemania son conocidas como *erdstall*, término que alude precisamente a su ubicación subterránea. No obstante, los habitantes de la región de Baviera las rebautizaron con nombres que relacionaban estos pasadizos con el folklore local, plagado de criaturas fantásticas que moran en los frondosos bosques de la región, o ahí las sitúa la imaginación de la gente. Así, las denominaciones *schratzlloch* o *zwergloch*, que vienen a significar refugios de duendes o gnomos, aparecen con frecuencia en las leyendas locales. Curiosamente, estos relatos tuvieron un inesperado auge gracias a un hallazgo singular. Ocurrió en unas cuevas de Bösenreutin, muy cerca de la localidad de Lindau, cuando un espeleólogo descubrió un petroglifo que parecía representar un pequeño humanoide provisto de cola. ¿Un trasgo?, se preguntaban los vecinos de esta ciudad levantada junto al lago Constanza. Sin embargo, es seguro que estos laberintos subterráneos no sirvieron para ocultar criaturas legendarias, sino a personas de carne y hueso.

En el siglo XIX, un sacerdote llamado Lambert Karner llegó a catalogar más de 400 de estas cámaras, tanto en Baviera como en Austria, aportando detalladas descripciones que sirvieron para trazar una especie de mapa del inframundo europeo. Con posterioridad, varios historiadores se aproximaron a este misterioso laberinto, proponiendo diversas hipótesis sobre su origen. Entre ellas, ganó fuerza la que lo atribuyó a las tribus teutónicas, que pudieron utilizar estas galerías para protegerse del frío y eludir las incursiones de pueblos enemigos.

El historiador austriaco Heinrich Kusch se muestra conforme con que algunos pasadizos fueron horadados durante el conocido como periodo de migración de las tribus germánicas o Völkerwanderung, coincidiendo con las invasiones bárbaras (376 a 800 d. C.). Pero mantiene que muchos otros se construyeron en algún momento de la Edad de Piedra, y que estos posiblemente sirvieron para la celebración de cultos paganos vinculados con la Diosa Madre neolítica. En este sentido, el profesor Kusch señala que esa misma finalidad pudieron tener las viviendas y galerías subterráneas descubiertas en Irlanda y, más probablemente, en Escocia, concretamente en las Islas Orcadas, enclave este último que cuenta con asentamientos datados por radiocarbono hacia el año 3.500 a. C., como hemos visto en el capítulo primero.

Otra hipótesis planteada por los historiadores germanos relaciona estos subterráneos con la llegada a Europa Central, Francia y el norte de España de monjes itinerantes provenientes de Irlanda durante la Alta Edad Media, una teoría que asume el espeleólogo Dieter Ahlborn, director del grupo más influyente en lo que a la investigación de *erdstall* se refiere. Finalmente, algunos estudiosos sugieren que estas galerías fueron labradas por los habitantes de núcleos rurales durante la Edad Media, muchos de los cuales se dejaron atrapar por las voces que alertaban de la segunda venida de Cristo y el subsiguiente fin de los tiempos. Sin embargo, pese a la abundante literatura que generó esta época siniestra, no hay un solo texto que hable de la construcción de esta clase de refugios durante dicho periodo. Además,

La estratégica ubicación de Turquía (señalada en rojo), entre Europa y Asia, la convirtió en encrucijada histórica de las civilizaciones oriental y occidental.

a esta carencia de documentación escrita hay que sumarle un problema quizá mayor: la práctica ausencia de restos orgánicos que hagan posible la datación exacta de estas cámaras subterráneas. De hecho, apenas se han hallado unas pocas trazas de carbón que resulta imposible vincular con los verdaderos constructores de este insólito inframundo.

Fue precisamente esta falta de evidencias la que llevó a Heinrich Kusch a proponer su tesis sobre la red neolítica de túneles subterráneos. Al fin y al cabo, por la misma razón que nadie puede datar con exactitud estos pasadizos, tampoco puede refutar con hechos que el argumento del profesor de Graz sea ilegítimo. Por otra parte, Kusch cuenta con cincuenta años de experiencia a sus espaldas, décadas de trabajo durante las cuales ha recorrido cuevas, galerías y cámaras subterráneas de medio mundo. Pero también ciudades. Como no podía ser de otro modo, Kusch quedó maravillado al visitar las ciudades bajo tierra de Anatolia central, probablemente la mejor evidencia de que la humanidad no sólo rindió culto al inframundo con escuetas cámaras en las que apenas cabían media docena de orantes, sino que construyó y habitó ciudades enteras excavadas decenas de metros bajo la superficie.

EL TERMITERO HUMANO DE CAPADOCIA

Obviamente, quien haya descendido a los complejos de Derinkuyu o Kaymakli, dos de las ciudades subterráneas más visitadas de Turquía, se habrá sentido abrumado ante las proporciones y extraña naturaleza de ambos enclaves, que despiertan tanta admiración como dudas. ¿Cuál fue el propósito de sus constructores? ¿Sabemos realmente quiénes fueron? ¿Son exactas las dataciones de estos enigmáticos laberintos de piedra? Comencemos situándonos en el contexto.

Localizada en Anatolia Central, en Turquía, la región de Capadocia es una de las áreas más visitadas del mundo, debido, sobre todo, a su peculiar orografía, repleta de extrañas formaciones de origen geológico que configuran lo que a menudo se ha calificado como "paisaje lunar". Pero también posee un patrimonio histórico y cultural único, fruto de haber sido la sede de algunas de las civilizaciones más importantes de la antigüedad. Las evidencias de estas ocupaciones aparecen por doquier, aunque no siempre es posible adjudicar determinados restos a una civilización concreta.

Vista panorámica de la localidad de Göreme (Anatolia central), un auténtico laberinto de viviendas en la superficie y bajo tierra.

© Karsten Dörre (2.004)

El mejor ejemplo de esto último lo constituyen las más que misteriosas villas subterráneas que han ido descubriéndose a lo largo y ancho de esta vasta provincia. Derinkuyu, Kaymakli, Özkonak... El catálogo oficial recoge 37 de estas inquietantes urbes bajo tierra. Pero, de hecho, son muchas más, según sostienen los arqueólogos familiarizados con su exploración, que han detectado la existencia de aproximadamente doscientas, muchas de las cuales permanecen aún vírgenes.

Descender a una estas maravillas arquitectónicas es como hacerlo al Inframundo mitológico, salvo que las ciudades subterráneas de Capadocia se construyeron no sólo para ser habitadas, sino para permanecer en ellas durante periodos de tiempo muy prolongados, probablemente meses o años. Esto se advierte fácilmente cuando se observa la dotación habitacional de las mismas, que las convierte en un verdadero prodigio de arquitectura civil. El caso de Derinkuyu —nombre que significa "pozo profundo"— resulta paradigmático.

Interior de una de las galerías de la ciudad de Derinkuyu, uno de los complejos habitacionales subterráneos más grandes del mundo.

© Bjørn Christian Tørrissen (2.009)

Iniciadas en 1.963, las excavaciones arqueológicas de esta ciudad han desvelado la existencia de entre 18 a 20 niveles subterráneos, repartidos en aproximadamente 85 metros de profundidad, si bien podrían ser bastantes más. No obstante, los turistas sólo pueden acceder a las primeras ocho plantas, quedando el resto para uso exclusivo de los investigadores autorizados. En el interior de esta peculiar urbe no falta de nada. Dormitorios, salas comunes, cocinas, hornos, habitaciones para el culto, establos, bodegas... Llamativamente, la ciudad contaba con hasta 52 pozos de ventilación, mediante los cuales se abastecía de aire a todas las plantas y habitaciones de la ciudad, dado que los pozos convergían en una vasta red de canalizaciones que penetraban hasta el nivel inferior de la urbe. También disponía de un buen número de cisternas para el almacenamiento de agua y un entramado de galerías que servían tanto para comunicar los diversos niveles de ocupación, como para desconcertar y aislar a ocasionales saqueadores y a otros visitantes indeseados.

Esta última cuestión, la de la seguridad, pareció obsesionar a los pobladores de Derinkuyu, que colocaron tres rocas ciclópeas, similares a grandes ruedas de molino, bloqueando sendos accesos en lugares estratégicos del gigantesco

Vista de una las habitaciones de la ciudad de Ozkonak.

Derinkuyu, Kaymakli, Ozkonak... Hasta 37 ciudades subterráneas han sido catalogadas y parcialmente excavadas en la región de Anatolia. Los arqueólogos saben que hay muchas más, pero ignoran quiénes las edificaron y por qué decidieron vivir bajo tierra.

> En tiempos relativamente recientes, los eremitas eligieron Anatolia central para alejarse de la civilización. Aunque mucho antes que ellos, otros habitantes de la región optaron por ocultarse decenas de metros bajo tierra.

multiedificio subterráneo. Como quiera que sólo podían accionarse desde dentro, la tarea de desplazarlas desde el exterior era materialmente imposible. Además, junto a estas "puertas blindadas" se detectó la presencia de una especie de tuberías excavadas en la roca que actuaban como arcaicos interfonos, de manera que los guardianes de uno u otro acceso podían hablar con los vigilantes de los demás túneles, al objeto de coordinar la defensa de la ciudad o, también, avisar a la numerosísima población de sucesos importantes.

Y es que, para hacernos una idea de la relevancia de estas urbes bajo tierra, basta señalar que sólo en Derinkuyu habitaron alrededor de 20.000 personas, prácticamente las mismas que vivían en la localidad homónina —la que está en la superficie— según el censo

El autor de este libro junto a Latif Açar, descubridor de la ciudad subterránea de Ozkonak, en Capadocia (Turquía).

de 2.014. De modo que, si sumáramos el número de personas que pudieron ocupar todas estas ciudades en el pasado, la cifra superaría con facilidad el millón de habitantes, algo insólito teniendo en cuenta que su ocupación se remontaría cuando menos al periodo hitita, esto es: alrededor de 1.700 a. C.

Descubierta en 1.964, la ciudad subterránea de Kaymakli podría estar conectada con Derinkuy.

Sin embargo, tal y como ocurre con tantos y tantos sitios arqueológicos, la datación exacta de estas enigmáticas urbes constituye un handicap aparentemente insalvable. Por un lado, no se han encontrado restos orgánicos en ninguna de las áreas excavadas y, como es sabido, las piedras no pueden datarse. Por otro, la gran mayoría de estas ciudades subterráneas fueron rehabitadas o reutilizadas hasta tiempos muy recientes, quedando "contaminadas" por las sucesivas oleadas de ocupantes. Para que se hagan una idea, sabemos que estas ciudades de la Capadocia fueron aprovechadas por hititas, frigios, romanos, cristianos y turcos selyúcidas, entre otros.

Sin embargo, resulta llamativo que hasta bien avanzada la década de 1.990, los arqueólogos e historiadores turcos atribuyeron la autoría de estas urbes a los primeros cristianos que ocuparon

> Sabemos que estas ciudades fueron ocupadas por hititas, frigios, romanos, cristianos y turcos selyúcidas, entre otros pueblos.

la región (siglo IV de nuestra era), quienes las habrían excavado al objeto de escapar de la feroz represión de los enemigos de su fe, adecuándolas para permanecer en su interior muchos meses sin necesidad de arriesgarse a salir a la superficie. No obstante y pese a su aparente coherencia, la hipótesis de los eremitas cristianos aterrorizados se diluyó ante nuevos hallazgos que negaron su pretendido rol de arquitectos.

En concreto, se trató del descubrimiento de artefactos de época hitita —muy anteriores a la presencia cristiana— que parecieron desmontar la datación anterior, ya que, al fin y al cabo, sólo se basaba en la presunción de que ciertas habitaciones de la ciudad habrían servido como pequeñas iglesias, hasta que quedó claro que dichas instalaciones fueron acondicionadas mucho más tarde, bien entrado el periodo de asentamientos bizantinos (siglos VI y VII de nuestra era). Algo parecido ocurre con la teoría, también oficial, que adjudicaba la construcción de estas ciudades a los frigios, pues éstos llegaron a Anatolia después que los hititas. No obstante y salvando

el anacronismo, la hipótesis frigia tenía cierta coherencia, dado que este pueblo cultivó una de las más influyentes religiones mistéricas del mundo antiguo. Sin embargo, que sepamos, ni construyeron ni vivieron bajo tierra.

Lo malo es que la hipótesis hitita tiene tantos puntos en su contra como las anteriores, de manera que no acaba de convencer a muchos de quienes hemos explorado estos laberintos subterráneos, cuyas características parecen extrañamente ajenas a aquel pueblo de origen indoeuropeo.

De hecho, hoy sabemos que los hititas construyeron a la manera de los sumerios, babilónicos y asirios, y desarrollaron un gusto notable por las grandes estructuras, la mayoría en piedra y ladrillo. Así, erigieron templos, palacios y enormes ciudades fortificadas, en las que no escatimaron el uso de columnas y espectaculares relieves. Todo ello, obviamente, sobre la superficie, nunca bajo tierra, para que su patrimonio arquitectónico causara la admiración de los pueblos vecinos. Es más, no hace falta salir de Turquía para observar una prueba de lo anterior.

> «[...] la datación de Hattusa es la misma que se presume para los artefactos encontrados en el fondo de alguna de las ciudades subterráneas de Anatolia, alrededor del siglo XVIII a. C.»

El nombre de esa evidencia arquitectónica fue Hattusa, nada menos que la capital del Imperio hitita. Sus ruinas, ubicadas en los alrededores de la localidad de Bogazkale y declaradas Patrimonio de la Humanidad en 1.986, pueden visitarse hoy en día como cualquier otra atracción turística de Turquía. Por cierto, si disponen de tiempo, les recomiendo que se desvíen hasta el pequeño museo de Bogazkale, situado a unos 200 km al este de Ankara y 230 al norte de Kaymakli. En su interior hallarán rarezas tan interesantes como una carta de Ramsés II –en realidad una tablilla de arcilla escrita en acadio– en respuesta a otra del rey hitita Hattusili III, en la que éste pedía al faraón egipcio un médico para atender a un miembro de su familia. También hay numerosos artefactos hititas y cerámica frigia.

Construida en el centro de Anatolia, junto al río Kizil-Irmak, Hattusa fue una verdadera megalópolis cuyos edificios se extendían sobre casi doscientas hectáreas. Un simple vistazo a los restos de esta magnífica urbe es suficiente como para advertir que a los hititas les gustaban los edificios aparentes y pomposos, siempre a la vista de todos. Así, la ciudad estuvo constituida por numerosos templos y palacios, edificios de uso administrativo e incluso comercial. Para embellecer aún más el paisaje urbano, la ciclópea muralla que rodeaba la ciudad aparecía custodiada por gigantescas estatuas y esfinges, muy al estilo de sus antepasados sumerios. Y un último dato: la datación de Hattusa es la misma que se presume para los artefactos encontrados en el fondo de alguna de las ciudades subterráneas de Anatolia, alrededor del siglo XVIII a. C.

Reflexionando sobre todo lo anterior, ¿por qué los hititas habrían de construir hacia abajo, cuando todas las evidencias de su arquitectura nos señalan justo lo contrario? De hecho, ¿no sería más lógico pensar que los artefactos hititas hallados en algunas ciudades subterráneas acabaron allí de forma accidental, probablemente debido a alguna transacción comercial? A propósito de esto último, es sabido que los arqueólogos que han excavado en Asia

Menor siempre tienen enormes problemas con las dataciones, debido al hallazgo de objetos provenientes de otras áreas y culturas a causa de los frecuentes intercambios comerciales, artefactos que, en suma, "contaminan" y hacen particularmente difícil el establecimiento de una cronología.

No se trata sólo de cuestiones arquitectónicas. Muchos nos preguntamos por qué los hititas, un pueblo orgulloso y fiero donde los hubo, tuvieron la imperiosa necesidad de esconderse bajo tierra y permanecer allí durante meses, pues ni siquiera en los postreros tiempos de su declive existe la menor prueba que acredite una conducta parecida. Por otra parte, es obvio que estas ciudades no se construyeron de un día para otro, como respuesta a una amenaza inmediata que se cernía sobre sus habitantes, como han planteado algunos estudiosos.

Habitadas desde tiempos remotos, las chimeneas de hadas han sido fuente de extrañas creencias, supersticiones y leyendas.

Y es que, en el caso de que los pueblos que ocuparon estas planicies de Anatolia Central supieran de la inminencia de un peligro imprevisto y no hubieran podido defenderse de dicha amenaza, lo normal es que hubiesen levantado sus campamentos y abandonado sus hogares a toda prisa. Sin duda, habrían huido, escapado, hacia otro lugar. Resulta inaudito pensar que, en respuesta a ese peligro que se cernía sobre ellos, se les ocurriera planificar y construir decenas de ciudades bajo tierra, puesto que tamaño esfuerzo les habría llevado meses, si no años. De haber existido tal contingencia, si los arquitectos de Derinkuyu y Kaymakli conocieron la naturaleza concreta de lo que se les venía encima, aquella no se parecía a un ejército enemigo que avanzara lentamente –de forma extremadamente lenta– desde Oriente, por ejemplo. En vez de esto, podríamos especular con dos líneas de investigación más acordes con estos sitios arqueológicos.

Por un lado, es posible que la amenaza en cuestión fuese de índole climática, que estas provincias de Anatolia central hubiesen padecido un paulatino empeoramiento del clima, una sucesión de inviernos cada vez más duros y prolongados, de manera que sus habitantes eligieron cobijarse bajo tierra para evitar los rigores del clima durante largas temporadas. O, por qué no, que la época en que se construyeron estos refugios fuese tan remota como el año 8.000 a. C., fecha aproximada para el inicio de la agricultura en Anatolia, inmediatamente después del colapso drástico del último periodo glacial, hace alrededor de 10.000 años. Así, el recuerdo reciente de aquel desastre climático pudo persuadir a los que llegaron a esta región –quizá en su huida de otras áreas aun más castigadas por el hielo– de construir sus hogares bajo la superficie de la tierra, tal vez temiendo que aquel invierno no concluyese nunca o que se aproximara otro periodo igualmente dramático.

En cuanto a la segunda propuesta, también cabría suponer que los arquitectos de estas ciudades enterradas lo hicieron siguiendo una tradición que les inclinaba a ello, quizá un culto de adoración a la Diosa Madre, precisamente una deidad ctónica o conectada con las profundidades de la tierra, con el mítico Inframundo, cuyas evidencias en forma de artefactos son tan abundantes y consistentes en Anatolia. Pero, ¿qué pueblo pudo seguir a la Diosa Madre hasta las entrañas de la tierra? ¿Quiénes ocupa-

ron estas regiones antes que los hititas y, además, contaron con medios tan avanzados como para erigir estas insólitas ciudades subterráneas?

Hay un candidato para ocupar este vacío en la historia de Anatolia Central, pero su existencia misma, por otra parte fascinante, está llena de lagunas y supuestos. Se trata de los hattis o hatitas, un pueblo preindoeuropeo cuyo misterioso origen está íntimamente ligado a la propia Anatolia.

De hecho, sabemos por una tablilla mesopotámica, inscrita con caracteres cuneiformes y datada en la época de Sargón el Grande (c. 2.270 - 2.215 a. C.), que el nombre por el cual los acadios conocían a Anatolia era "País de los hattis", por lo que debemos suponer que integraron el pueblo autóctono de esa región, o que habitaron la misma de forma más o menos permanente. Lamentablemente, los hatitas no conocían la escritura —o no ha llegado hasta nosotros—, de manera que lo poco que sabemos sobre este pueblo proviene de fuentes y referencias indirectas.

Los hititas tenían un panteón ctónico, pero no parece lógico que un pueblo tan belicoso buscase refugio bajo tierra.

Así, ignoramos cuánto tiempo llevaban en Anatolia cuando empezaron a comerciar con Sargón de Acadia, y la cifra que se propone de 2.500 a. C. es meramente especulativa. Por mucho que el acuerdo general los sitúe en ese tercer milenio antes de nuestra era, nadie sabe si se establecieron en Anatolia cientos o miles de años atrás. Sí es seguro que ya estaban allí cuando llegaron los hititas, pues estos los mencionan en varios textos y los representan en algunos artefactos, sobre todo religiosos.

> Edificar estas colmenas subterráneas requirió un enorme esfuerzo colectivo; resulta del todo inverosímil plantear que dicha tarea se realizara de un día para otro. Esto parece contradecir la extendida argumentación de que los habitantes de estas ciudades las construyeron para escapar de una amenaza inminente.

Es más, los hititas o *nesili* –término este último con el que preferían autodenominarse– asimilaron parte de la cultura y la religión de los hatitas, lo que incita a especular con que estos últimos tenían un sistema de creencias arraigado y seguramente atractivo. No obstante, las escasas evidencias de las que disponemos hacen imposible saber qué cultos hatitas acabaron incorporándose al "panteón de los mil dioses", como es conocido el panteón hitita, y si los hattis, la protocivilización de Anatolia, tenían por costumbre construir edificios bajo tierra.

Si acaso, las *cellas* o cámaras subterráneas de los templos hititas, al parecer otra herencia de los hatitas, se nos antoja un indicio demasiado débil como para vincular a los hatitas con las ciudades subterráneas de Anatolia. Es más, también sabemos que los hititas, mucho más belicosos que los hattis, ocuparon las ciudades-estado donde vivían estos últimos, y todo indica que se trataba de asentamientos convencionales, no subterráneos. Como pueden observar por todo lo anterior, la tarea de adjudicar estas ciudades a un autor concreto es prácticamente una misión imposible, lo que parece haber agudizado la imaginación de algunos de los estudiosos que se han aproximado a este enigma.

Uno de los primeros en hacerlo, allá por la década de 1.970, fue el investigador turco Omer Demir, probablemente el hombre que mejor conoce las entrañas de estas urbes ctónicas. En 1.977

aparecía la primera edición en inglés de *Derinkuyu: cuna de la historia*, un libro fascinante en el que Demir volcaba sus experiencias en la excavación de esta asombrosa ciudad-colmena. Además de dar a conocer los detalles arquitectónicos de Derinkuyu a los arqueólogos occidentales, el libro de Omer Demir planteaba una serie de hipótesis que iban más allá de la mera descripción en términos arqueológicos del yacimiento, teorías que llamaron la atención de algunos investigadores fuera del sistema académico convencional.

Una de las más inquietantes expuestas por Demir tenía que ver con el hecho de que los niveles más antiguos de Derinkuyu, esto es, los que estaban a mayor profundidad, tenían una altura superior a las capas añadidas posteriormente. Aplicando el sentido común, Omer Demir dedujo que los primeros habitantes de la ciudad, probablemente sus constructores, eran más altos que quienes la ocuparon en épocas posteriores, fueran hattis, hititas, cristianos, etc.

Obvia decir que la interpretación de Demir actuó como detonante para especulaciones aún más sugerentes, como las que identificaron a los misteriosos arquitectos de Derinkuyu con los no menos enigmáticos gigantes mencionados en la Biblia (Génesis 6:4) y, mucho antes que en el libro sagrado judeocristiano, en varios textos de la mitología sumeria, como la muy referenciada Epopeya de Gilgamesh.

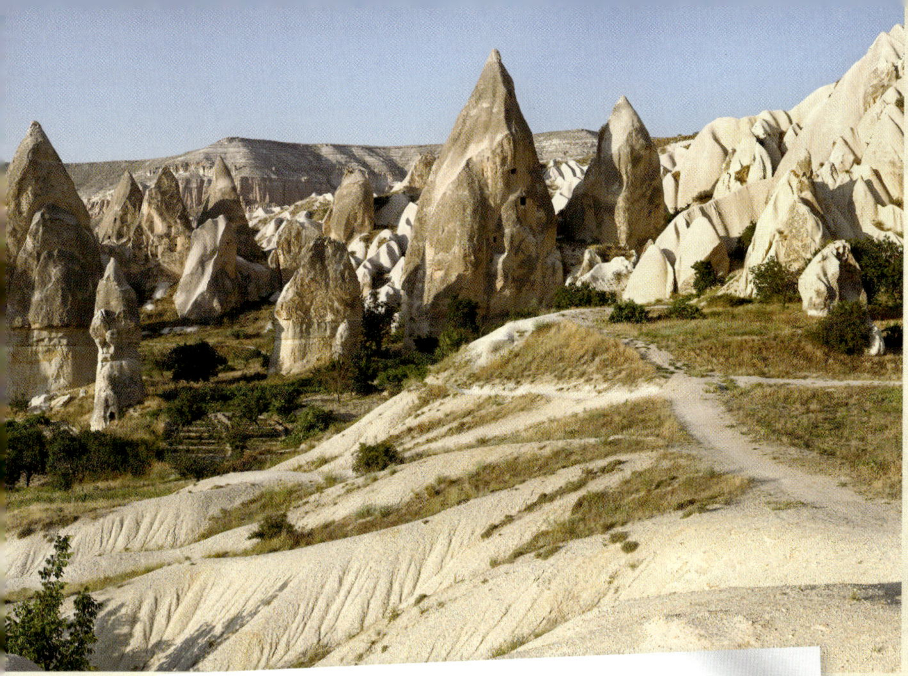

© Francisco González

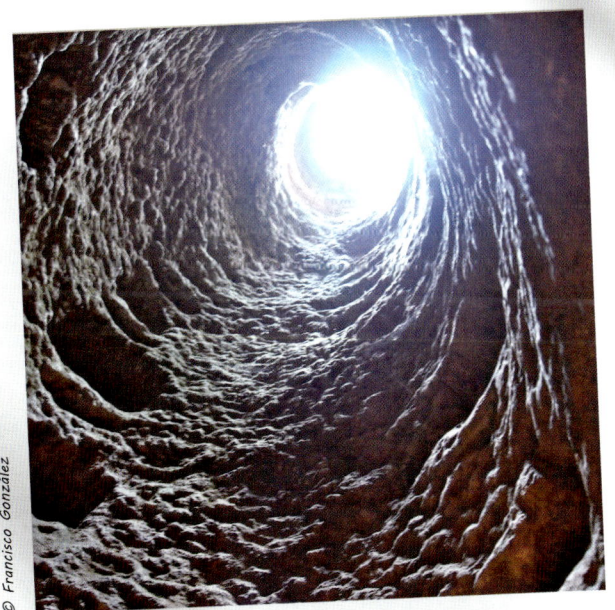

Chimenea de ventilación de la ciudad de Ozkonak.

capítulo XI
HAY OTROS MUNDOS... BAJO EL MAR

«Desde su nacimiento, el hombre lleva el peso de la gravedad sobre sus hombros. Está atornillado a la tierra. Pero el hombre no tiene más que hundirse bajo la superficie del agua y ser libre».

Jacques Cousteau (*Time magazine*).

Ruinas romanas sumergidas; © Angelo Giampiccolo (págs 272-273)
Estructura submarina en Yonaguni; © Vincent Lou (págs 284-285)
Ishibutai Kofun en Asuka; © 663highland (págs 290-291)
Cabo Umahana en la isla de Yonaguni © motive56 (pág 297)

Más de doscientos relatos sobre el Diluvio, muchos de ellos con un parecido ciertamente asombroso, ofrecen pistas inequívocas sobre una civilización global, planetaria, que quedó sumergida bajo las aguas en tiempos remotos. No estoy refiriéndome a mitos aislados e improbables, sino a narraciones coherentes y llenas de detalles que apuntan en una misma dirección: somos herederos de otra humanidad o, quién sabe, de una amalgama de pueblos que tal vez convivieron con los dioses estelares —no olvidemos que Dios no es de "este mundo"— a los que hoy rendimos culto. Además, no sólo disponemos de esas descripciones, ligadas a la herencia cultural a la que se aferran cientos de culturas a lo largo y ancho de nuestro planeta, sino de pruebas sólidas como la roca, evidencias que, poco a poco, han comenzado a aflorar a la superficie... nunca mejor dicho.

De igual modo que la arqueoastronomía está sirviendo para tratar de desvelar el secreto de los sacerdotes-astrónomos que erigieron los megalitos y las pirámides, la geología, la paleoecología y la paleoclimatología se han sumado a la arqueología para conocer la verdad que se esconde tras esa terrible inundación que sumergió las ciudades de esa no tan lejana civilización perdida. Porque, al fin y al cabo, sólo hemos de remontarnos al final de la última glaciación, un periodo crítico que en el que el nivel de las aguas subió una media de 14 metros en todo el planeta, un repentino y abrumador colapso que, en opinión de reputados investigadores, podría repetirse más temprano que tarde.

Pero vayamos con los datos, pues, hay que insistir en ello, los naipes de nuestro castillo argumental son sólidos y están ahí, cada vez más a nuestro alcance.

> Hasta su descubrimiento en el año 2.000, se creía que la ciudad de Thonis-Heracleion era una simple leyenda. Pero ahí están sus ruinas, frente a la costa de Alejandría.

Si los nombres de la Atlántida, Lemuria o Mu continúan excitando nuestra imaginación y sembrando dudas sobre nuestra prevalencia histórica, lugares como Khambhat, Yonaguni o Thonis-Heracleion aventajan a los primeros en que, esta vez sí, disponemos de restos arqueoló-

Un submarinista explora los bloques pretendidamente artificiales del Monumento Yonaguni, en Japón.

gicos que atestiguarían que hubo un tiempo, hace entre 9.000 y 12.000 años, en que sociedades complejas y muy avanzadas desde el punto de vista tecnológico prosperaron junto a nuestras costas.

No obstante, ¿es posible que algo tan grande como una ciudad —o incluso una civilización— desaparezca bajo las aguas sin dejar el más mínimo rastro de su existencia? En realidad, es más que posible. De hecho, no hay más que repasar la hemeroteca y fijarnos en la noticia del descubrimiento de Thonis-Heracleion en el año 2.000.

Por increíble que parezca, una de las capitales más importantes erigidas a orillas del Mediterráneo, citada en numerosas fuentes históricas y relacionada legendariamente con personajes como Paris, Helena de Troya y el mismísimo Hércules, existió realmente, desapareció hundida en el océano y, 1.200 años después, volvió a reaparecer cerca de Alejandría, donde la situaban fuentes mitológicas que se tornaron absolutamente fidedignas... para disgusto de quienes siguen creyendo que las leyendas sólo encierran cuentos para niños.

Claro que Franck Goddio, de igual modo que Schliemann con la Troya homérica, nunca creyó que Heródoto, Diodoro o Estrabón —es curioso como a ciertos autores clásicos se les considera fuente fiable o no según sopla el viento— mintieran en sus referencias a Thonis, la ciudad egipcia a la que los griegos rebautizaron con el sonoro nombre de Heracleion.

Como he mencionado, Thonis no era una desconocida desde el punto de vista histórico, pues hallamos menciones a la misma, además de en textos de los autores ya citados, en una estela del faraón Nectanebo I y en el Decreto de Canopo, célebre documento conservado en el Museo de El Cairo donde se cuenta que Thonis era sede de los Misterios de Osiris. No obstante estas referencias, Thonis-Heracleion no aparecía por parte alguna, lo que hizo que muchos dudaran de su materialidad. Hasta que, insistimos, el arqueólogo y submarinista Franck Goddio la descubrió casi intacta y hundida en el lecho marino en la bahía de Abu Qir, a tiro de piedra de Alejandría.

Estela de Ptolomeo VIII procedente del templo de Thonis-Heracleion.

Muchos recordarán las imágenes del sensacional hallazgo, pues dieron la vuelta al mundo. Restos de templos y palacios, bellísimas estatuas con más de cinco metros de altura, elaborados sarcófagos, cerámicas de todas clases y procedencia, tablillas inscritas en varios idiomas, monedas de oro y otros metales preciosos... Y numerosos pecios, además de casi 700 anclas. Aún hoy, pocos se explican cómo pudo pasar desapercibido un tesoro de tales dimensiones.

Y, sin embargo, uno o más terremotos, un tsunami o un desastre natural de proporciones épicas hundió irremisiblemente la ciudad y casi su recuerdo. Afortunadamente, el mar y la paciencia de este arqueólogo francés devolvieron Thonis-Heracleion a su lugar en los mapas, demostrando, de paso, que las leyendas también son parte de la historia de nuestra civilización.

> Muchos recordarán las imágenes del hallazgo de Thonis. Restos de templos y palacios, bellísimas estatuas con más de cinco metros de altura, sarcófagos finamente labrados...

Ahora, con la lección de historia bien aprendida, acudamos al golfo de Khambhat, en la India, un país con una larga y bien conocida tradición que nos habla de civilizaciones pretéritas donde convivieron hombres y dioses.

EN LA MANSIÓN SUMERGIDA DE KRISHNA

Antes conocido como golfo de Cambay, Khambhat está localizado en la costa occidental de la India, más exactamente junto al estado de Gujarat. Se trata de una franja estrecha, una extensión del mar Arábigo (Océano Índico) con aproximadamente 130 kilómetros de longitud. Pese a lo impredecible de sus mareas y los traicioneros bancos de arena que lo salpican, la estratégica ubicación geográfica de Khambhat lo convirtieron en escenario de intensos intercambios comerciales desde la antigüedad más remota. Tal vez por ello no todo el mundo se sorprendió cuando, en mayo de 2.001, el entonces ministro indio de Desarrollo, Ciencia y Tecnología, Murli Manohar Joshi, anunció en rueda de prensa que las ruinas sumergidas de una antigua civilización habían sido descubiertas en un área de dicho enclave, ubicada a unos 12 kilómetros de las costas.

Evidentemente, el anuncio no partió de una ocurrencia electoralista del ministro indio —acusación que vertieron algunos de sus rivales políticos—, sino que estaba fundamentado en una serie de prospecciones marinas llevadas a cabo por el Instituto Nacional de Tecnología Oceanográfica de la India (NIOT, por sus siglas en inglés), un organismo oficial fuera de toda sospecha que, como ocurre con relativa frecuencia, obtuvo de manera fortuita la supuesta evidencia de la "Atlántida india", como la llamaron algunos diarios de aquel país.

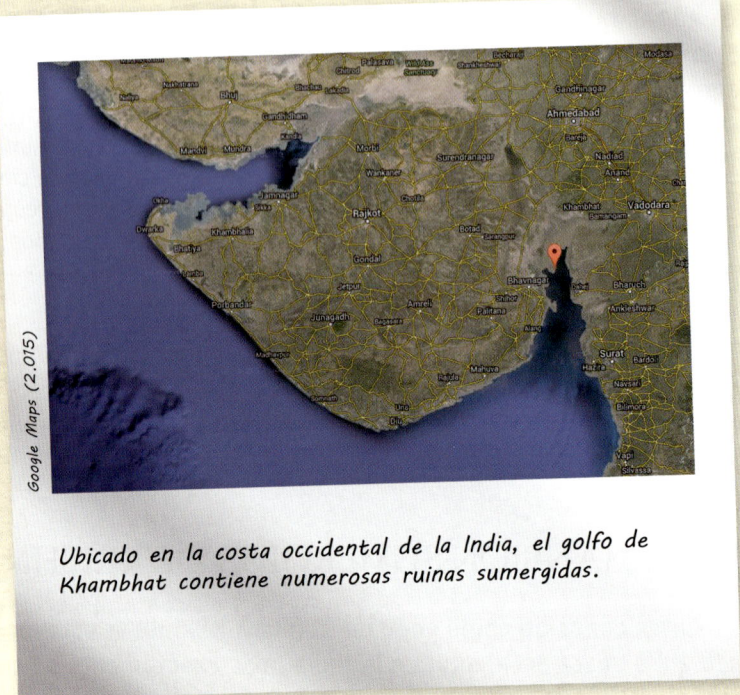

Ubicado en la costa occidental de la India, el golfo de Khambhat contiene numerosas ruinas sumergidas.

Y es que el NIOT no buscaba ningún continente perdido, sino que analizaba las aguas de Khambhat al objeto de medir sus niveles de contaminación. Fue entonces cuando los sónares de una de las embarcaciones de dicha institución, mediante el barrido del fondo marino, captaron unas sorprendentes imágenes en las profundidades del golfo, que pusieron de relieve el clásico patrón de formaciones artificiales en un recorrido de aproximadamente nueve kilómetros.

Más tarde se supo que aquella barrera artificial parecía estar constituida por toscos pilares de piedra y murallas muy desgastadas, estructuras que, ya en el terreno de las especulaciones, podían pertenecer a una o más ciudades sumergidas.

Curiosamente, y aunque la comparecencia de Manohar Joshi se produjo en la primavera de 2.001, las noticias acerca de una supuesta civilización perdida en el golfo de Khambhat ya habían sido recogidas por la prensa india un año antes. En concreto, entre 1.999 y 2.000, un buque de investigación costera descubrió dos grandes paleocanales fluviales, esto es, la prolongación de sendos ríos que habían dejado su rastro en el lecho marino, a una profundidad de entre 20 y 40 metros y a alrededor de 20 kilómetros del litoral actual, aproximadamente en mitad del golfo. El Dr. Badrinarayanan, jefe científico de la expedición, declaró al respecto que la configuración de dichos canales incluía áreas perfectamente cuadradas y rectangulares que, en su opinión, no podían corresponderse con lo esperable de procesos geológicos naturales. En este punto, opiniones personales aparte, faltaba por demostrar que aquellos paleocanales fueran tan antiguos como se suponía y, para ello, era preciso sumergirse en el golfo de Khambhat y recoger muestras apropiadas para su posterior datación, cosa que sucedió tan pronto como en noviembre de 2.001.

Los oceanógrafos del NIOT no tenían una tarea fácil. Ya hemos hablado de las complicadas corrientes que baten las aguas de este golfo. Sin embargo, a partir de la segunda inmersión comenzaron a extraer trazas de lo que parecían ser materiales de origen artificial e incluso restos humanos fosilizados.

En concreto, los científicos de la citada institución india recuperaron tres trazas de madera fosilizada, fragmentos de cerámica y de revestimiento de suelos, piedras con apariencia de herramientas y, lo más importante, un diente y varios huesos fosilizados. Hecho esto, la siguiente tarea era determinar la antigüedad de los fragmentos recogidos, que fueron entregados para su análisis a diversas instituciones en función de la naturaleza de dichos materiales. Así, los mismos se estudiaron en el Instituto Nacional de Investigación Geofísica (NGRI) de Hyderabad, en el prestigioso Instituto Birbal Sahni de Paleobotánica con sede en Lucknow, en el Laboratorio de Investigación Física de Ahmedabad y, fuera de la India —hay que suponer que para evitar suspicacias—, en el Instituto Leibniz de Geofísica Aplicada de Hanover. Pues bien, en relación a la madera fosilizada, la datación media que ofrecieron las mencionadas instituciones científicas fue de 9.500 años de antigüedad.

> El jefe científico de la expedición confirmó que la configuración de los canales hallados en Khambhat incluía áreas perfectamente cuadradas que, en su opinión, no podían deberse a procesos naturales.

> La datación media que ofrecieron las instituciones científicas alemanas fue de unos 9.500 años de antigüedad.

En conclusión, en el golfo de Khambhat existió una civilización —o, al menos, una gran ciudad—, que habría prosperado unos 4.000 años antes que Uruk (Mesopotamia) y 3.000 antes que Çatalhöyük (Anatolia), considerados dos de los asentamientos de carácter urbano más antiguos de la humanidad. Y aún quedaba por responder a una cuestión no menos relevante: ¿qué civilización inédita quedó sumergida en el golfo de Khambhat?

Bien, para responder a esta cuestión, veamos un fragmento del Mahábharata (ci. siglo III a. C.), el larguísimo texto pretendidamente legendario donde se registraron diversos sucesos de la historia primigenia de la India: «El mar, que había estado golpeando contra la orilla, de repente rompió el límite impuesto por la naturaleza. El mar se precipitó contra la ciudad. Corría por todas las calles de la hermosa ciudad. El mar cubrió en pocos segundos toda la ciudad. Arjuma vio los hermosos edificios sumergidos uno a uno. Echó un último vistazo a la mansión de Krishna. En cuestión de minutos todo había terminado. El mar se había vuelto ahora tan plácido como un lago. No había rastro de la hermosa ciudad que había sido el lugar predilecto de los Pandavas. Dwaraka era sólo un nombre, sólo un recuerdo [...]».

De igual modo que ocurre con el Papiro de Turín, denostado por buena parte de la arqueología oficial al observar en él una cronología "imposible" que, aun peor, muestra a dioses y semidioses como gobernantes materiales del Antiguo Egipto, las gestas descritas en el Mahábharata se desprecian desde el punto de vista del rigor histórico por razones similares. Paradójicamente, cuando investigadores y científicos independientes aportan evidencias arqueológicas de que las Sagradas Escrituras judeocristianas recogen hechos históricos fidedignos —cosa que sucede muy a menudo—, nadie se rasga las vestiduras aduciendo que la Biblia, en esencia, integra un conjunto de relatos fantasiosos e improbables.

No obstante, buena parte del Canon de Turín refleja hechos comprobados por los arqueólogos, lo que también sucede en el caso de la Biblia. ¿Por qué desdeñar al completo lo que se cuenta en el Mahábarata, por no hablar de otros cientos de textos "legendarios" que coinciden en la ocurrencia de un gran Diluvio?

El párrafo que he extraído del célebre relato de la India podría describir un acontecimiento puramente legendario. Sin embargo, los hallazgos arqueológicos en el golfo de Khambhat a los que nos hemos referido parecen respaldar su verosimilitud. De hecho, miles de peregrinos hindúes acuden todos los años a visitar Dwarka (también escrito Dvarka, Dwaraka o Dvaraka), uno de los siete centros religiosos más antiguos de la India, que "casualmente" está enclavada en las orillas del mismo golfo de Khambhat. Tampoco parece casual que la tradición oral identifique esta ciudad con el recuerdo de la luminosa Dwarka, la capital del reino que el mismísimo Sri Krishna mandó construir en el estado de Gujarat.

© Bilby (2.011)

Al contrario que muchos relatos cristianos, las gestas descritas en el Mahábharata (arriba, bajorrelieve con un fragmento del texto) se desprecian desde el punto de vista del rigor histórico.

Cuando, siendo niño, Heinrich Schliemann leyó la *Ilíada*, el famoso poema épico de la Antigua Grecia atribuido a Homero, se prometió encontrar algún día la legendaria Troya, pese a que su padre le advirtiera una y otra vez que se trataba de un lugar mítico, inventado. Finalmente, como es bien sabido, Schliemann encontró Troya y, en la actualidad, cualquiera puede visitar sus ruinas en la provincia turca de Çanakkale, junto al estrecho de Dardanelos.

LA ANOMALÍA YONAGUNI

Al contrario de lo que sucede con las evidencias arqueológicas halladas en el golfo de Khambhat, cuya ubicación requiere sofisticados equipos para su rastreo, las mundialmente conocidas de Yonaguni, en Japón, están a la vista de cualquier aficionado al buceo. De hecho, las gigantescas estructuras sumergidas junto a Yonaguni, una pequeña isla ubicada a unos 480 kilómetros al suroeste de Okinawa, atraen en los últimos tiempos a un gran número de turistas.

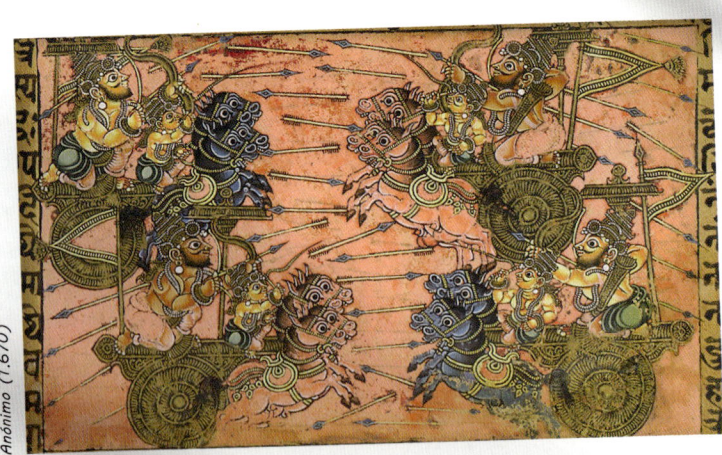

Anónimo (1.670)

Resulta llamativo que la capital del reino celestial de Krishna (en la imagen, participando en una batalla), se llame del mismo modo, Dwarka, que una ciudad real enclavada junto al golfo de Khambhat.

Capítulo XI: Hay otros mundos... bajo el mar

Puerto y faro de Irizaki, en la isla japonesa de Yonagun.

El punto de inflexión hay que buscarlo en 1.985, cuando Kihachiro Aratake, guía profesional y director de una agencia de buceo local, descubrió en un área de inmersión cercana, llamada Iseki Point, una llamativa estructura de piedra aplanada que, a simple vista, parecía haber sido trabajada por manos humanas. Claro que, por muy experimentada que fuera —la de Aratake lo era—, la opinión de un buceador no bastaba para acreditar que el Monumento de Yonaguni —como pasó a ser conocido en Japón— es de carácter artificial. Así, poco después del intrigante hallazgo, un equipo de científicos de la Universidad de las Islas Ryukyu, dirigido por el doctor en geología marina Masaaki Kimura, se desplazó hasta la cercana Yonaguni para explorar *in situ* los misteriosos megalitos sumergidos.

Los trabajos de prospección de las estructuras pretendidamente artificiales se prolongaron durante quince años, un largo periodo que sirvió a los científicos de las Ryukyu para llegar a varias conclusiones que en modo alguno podríamos calificar de apresuradas. Entre otros detalles, subrayaron la presencia constante de piedras perfectamente planas, con cortes rectos, dispuestas en paralelo o en terrazas, cuyos vértices tenían los bordes anormalmente afilados. También advirtieron de la existencia de una especie de trinchera con ángulos internos de 90 grados, así como de dos "megalitos gemelos" en los que se adivinaba la intencionalidad de sus constructores, descartándose la posibilidad de que corrientes

marinas o un suceso aleatorio pudieran situarlos en una posición tan evidentemente forzada. Para Masaaki Kimura no cabía duda: el Monumento Yonaguni es de origen artificial.

Obviamente, las sorprendentes conclusiones de Kimura y su equipo trascendieron el ámbito geográfico de Japón, teniendo un enorme eco en medios de comunicación de todo el mundo. Tras ello, comenzó un debate entre quienes eran favorables a la opinión de Kimura y quienes se aferraban al origen geológico y natural de las estructuras.

Entre tanto, el profesor Kimura seguía aportando nuevas evidencias para sustentar su hipótesis. Por ejemplo, el hallazgo de dos orificios perfectamente redondos y de aproximadamente dos pies

de ancho en el borde de una de las piscinas de piedra, además de una fila de agujeros más pequeños que parecían corresponderse con el intento de dividir secciones de la roca utilizando herramientas o cuñas de alguna clase. Aunque, sin duda, su aportación más importante fue el descubrimiento de lo que a Kimura le parecieron siluetas de animales y personas grabadas en la superficie de algunos bloques. Por ejemplo, afirmó haber distinguido una especie de símbolo que le recordó la morfología de un caballo, signo que él vinculó con uno de los sistemas de comunicación más raros y antiguos de la humanidad: la escritura Kaida.

Para desenredar este otro enigma –o al menos intentarlo– acudiremos al pequeño Museo Etnográfico de Yonaguni, la mayor parte

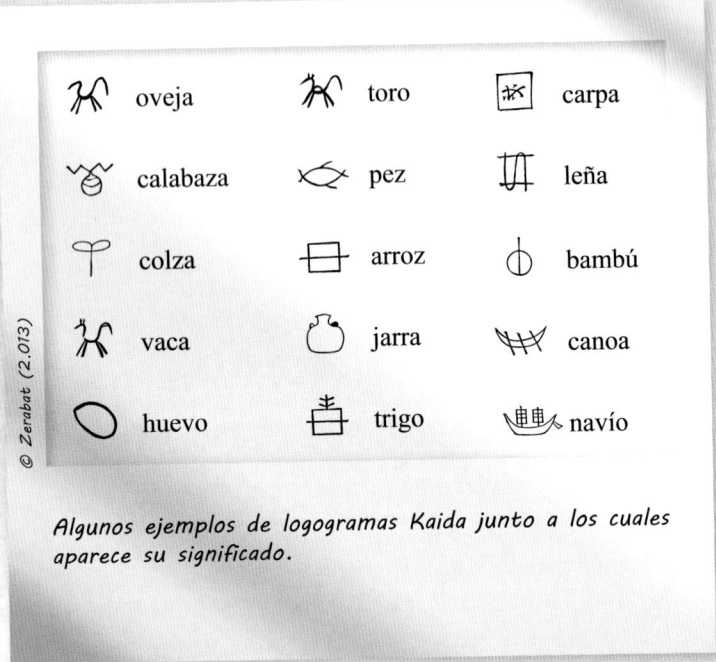

Algunos ejemplos de logogramas Kaida junto a los cuales aparece su significado.

de cuyas piezas son producto del interés personal de Ikema Nae, una anciana activa que ha dedicado su vida a salvaguardar el valioso legado de sus antepasados. Ubicado en la aldea de Sonai, el museo cuenta con artefactos de diverso interés arqueológico, pero, sobre todo, con un fascinante archivo de carácter bibliográfico, en su mayoría objetivado en la lingüística.

    Dicho así, puede sonar aburrido, pero el crisol de islas al sur de Okinawa presenta una peculiaridad única en el mundo: su insólita multiplicidad de idiomas, que no dialectos. Denominadas lenguas ryukyuenses —por el ya mencionado archipiélago—, prácticamente todas están en vías de desaparecer, aunque personas como la Sra. Nae sigan luchando para que esto no ocurra o para que, al menos, quede constancia de la importancia que estas lenguas tuvieron en el pasado. Hablado por apenas 800 personas, el idioma yonaguni es un verdadero misterio. No sólo se desconoce su origen, sino que ni siquiera se parece al resto de idiomas que se hablan en las Ryukyu, todos ellos vinculados con el yaeyama. Y si esto ya resulta enigmático, aún lo es más todo lo que rodea al otro sistema de comunicación utilizado por los habitantes de las islas Ryukyu. Nos referimos a la ya citada escritura Kaida.

De procedencia desconocida, este extraño sistema de logogramas, se usó en tiempos muy remotos en las islas Yaeyama y, particularmente, en la propia Yonaguni. Como digo, no se conoce absolutamente nada acerca de su origen, aunque sí sabemos que continuó utilizándose para transacciones comerciales e impositivas hasta el gobierno del emperador Meiji, hacia finales del siglo XVIII. Hoy podemos contemplar algunos de estos registros kaida en el Museo Nacional de Etnología, en Tokio, aunque la inmensa mayoría de estos escritos se perdió para siempre, al haberse plasmado en materiales perecederos, como telas y láminas vegetales. No obstante, unos pocos glifos quedaron inscritos sobre rocas junto al litoral de Yonaguni, y algunos buceadores dicen haber descubierto varios de estos signos en piedras sumergidas a pocos metros de la costa.

Masaaki Kimura, el gran estudioso del Monumento Yonaguni, está convencido de que algunos de los bloques pertenecientes a esta misteriosa estructura presentan símbolos kaida, lo que, en su opinión, demostraría la naturaleza artificial de los monolitos sumergidos. Es más, Kimura cree que el Monumento Yonaguni formó parte de una gran isla-continente en el área que hoy ocupa el archipiélago volcánico de las Ryukyu, y que esta estructura megalítica y otras porciones de dicha isla se hundieron en el océano, hace entre 12.000 y 10.000 años, a causa de un gran cataclismo. En este sentido, el profesor Kimura especula con que el sistema de glifos kaida habría sido utilizado en tiempos muy remotos por la proto-civilización que habitó la pretendida isla-continente, masa de tierra que Masaaki Kimura identifica con el continente perdido de Mu. Llamativamente, la escritura Kaida no es la única anomalía cultural del misterioso archipiélago de las Ryukyu. Para conocer la siguiente rareza viajaremos hasta la isla Taketomi, una minúscula porción de tierra ubicada al sur de ese archipiélago.

El científico japonés Masaaki Kimura dice haber encontrado ciertos pictogramas grabados en las piedras de Yonaguni. En su opinión, esos relieves coinciden con alfabetos arcaicos utilizados en las Islas Ryukyu.

> Empleado en muy pocos lugares del planeta, llama la atención que en Japón y Perú se utilizara un sistema de conteo por nudos prácticamente idéntico. Y no es la única conexión del pasado entre la región andina y el país del sol naciente.

Nuestro objetivo es el pequeño museo local. En este caso, aunque también relacionado con la comunicación, el artefacto es un rudimentario sistema de conteo por nudos. En concreto, se trata de simples tiras de paja a las que se les practican nudos de distinto tamaño y a diferentes alturas, para indicar un número determinado, ya sea de personas, bienes o de cualquier otra cosa. Conocido como cuerdas Barazan, Warazan o sushuma, este sencillo y antiquísimo sistema numérico se ha vinculado con la escritura kaida y, al parecer, es de origen chino. De hecho, el vocablo sushuma es notablemente similar a *Suzhou mazi*, término chino que define ciertos guarismos utilizados por los antiguos comerciantes de Suzhou, localidad situada al este de China, para representar precios de bienes.

Quizá no sea tan sorprendente la similitud fonética entre estos dos sistemas de conteo, habida cuenta de la cercanía geográfica entre el archipiélago de las Ryukyu, el más meridional de Japón, y la todavía hoy próspera ciudad de Suzhou. Sin embargo, para encontrar un artefacto similar a las misteriosas cuerdas Barazan no hay que ir hacia el oeste, en dirección a la vecina China, sino justo al contrario: hacia el este y tan lejos como ¡Perú!, a más de 16.000 kilómetros y salvando el océano Pacífico.

En efecto, que sepamos, en todo el planeta sólo existe un método de conteo por nudos parecido al de las cuerdas Barazan, y para descubrirlo debemos viajar en el espacio y el tiempo, hasta las civilizaciones andinas y sus enigmáticos quipus. Recordemos que el quipu fue un sistema mnemotécnico que consistía en una serie de cordeles de lana o algodón a los que se les hacían nudos a diferentes alturas y de distintos colores para, del mismo modo que ocurría con el sistema Barazan, establecer contabilidades de personas o bienes.

Durante el imperio inca, los encargados de manejar los quipus o *khipu kamayoc* ("guardianes de nudos", en quechua) pertenecían a una élite de la administración imperial, pues su labor, al contrario de lo que cabría suponer, requería gran destreza y el conocimiento de un código ajeno a la mayoría de la población. En este sentido, son varios los investigadores que han propuesto que los quipus probablemente fueran mucho más que un mero sistema contable. Es el caso del ingeniero William Burns Glynn, quien sostiene que dichos trenzados ocultaban una forma de escritura o incluso mensajes cifrados. O los antropólogos Gary Urton y Carrie Brezine, de la Universidad de Harvard, quienes plantean que los quipus contenían información crucial para el estado inca. Curiosamente, estudiosos japoneses también han sugerido lo mismo a propósito de las cuerdas Barazan.

En cualquier caso, lo más sugerente de toda esta historia no es sólo el enorme parecido entre los sistemas de cordeles con nudos utilizados en Japón y Perú, sino que un método muy parecido se usó en la Polinesia y en otros lugares bañados por las aguas del océano Pacífico. Pero, ¿por qué precisamente aquí y no en otras áreas del planeta? ¿Cómo salvaron el inabarcable océano que las separaba regiones tan alejadas como Japón, Perú o la Polinesia? ¿Acaso existió en tiempos muy remotos una civilización madre que enseñó a todos estos pueblos? Para los partidarios de la hipótesis del continente perdido, llámese Mu o de cualquier otro modo, la existencia de un puente terrestre entre Asia y América respondería a ambas preguntas. Así, Mu habría sido el "continente necesario", el nexo material que vinculó a todas las culturas del Pacífico. De hecho, hay más indicios que apuntan no sólo en esta asombrosa dirección, sino que conectarían a los humanos del Japón prehistórico nada menos que con la civilización sumeria.

Las rarezas de la isla Yonaguni incluyen un idioma propio.

Entre estos vestigios contamos con los miles de extraños petroglifos hallados en Japón, el escasamente conocido pero fascinante megalitismo de este mismo país o el aun más ignoto de Hawai, con sus misteriosos *heiau*, edificios que tanto nos recuerdan a los templos de Mesoamérica... ¡y al Monumento Yonaguni!

En agosto de 2.014, el diario *Japan Times* informaba de un sorprendente hallazgo ocurrido en la aldea de Asuka, en la prefectura de Nara y al sur de Honshu, la isla principal de Japón. En concreto, se trataba del descubrimiento de una pequeña pirámide-tumba datada en el siglo VI d C. Según los autores de las excavaciones, arqueólogos de la Universidad de Kansai, el edificio, bautizado como Tumba Miyakozuka, es una pirámide de capas múltiples, probable-

mente siete u ocho, de cuarenta metros de largo y aproximadamente siete de altura.

Pese a que no solemos asociar el concepto megalitismo con Japón, el hallazgo de esta clase de construcciones no es ni mucho menos inusual en el país del sol naciente. No obstante, la tumba piramidal Miyakozuka es más parecida a sus homólogas del antiguo reino de Goguryeo, que se extendió por Manchuria y la península de Corea en el siglo IV d C.

> Apenas conocido en el resto del mundo, el megalitismo japonés guarda extraordinarias —y poco explicadas— semejanzas con sus homólogos atlántico y mediterráneo.

En cualquier caso, esta singular pirámide viene a engrosar el enorme patrimonio arqueológico de Asuka, un área que cuenta con algunas de las construcciones megalíticas más extrañas del mundo, todas ellas asociadas con la enigmática Cultura Asuka. Como ejemplo, cabe señalar que en el entorno de esta aldea se ubica el más que misterioso Masuda-no-Iwafune, un desconcertante megalito cuya apariencia, redondeada, excepcionalmente lisa y con dos aberturas en su parte superior, recuerda a la cúpula de un observatorio astronómico. De hecho, ésta es una de la hipótesis que se manejan para explicar su función, aunque otras teorías proponen que la "nave de Asuka" —nombre por el que se conoce colo-

Entrada de la tumba megalítica Ishibutai Kofun, ubicada en el Parque Asuka (Japón).

quialmente a este megalito– yacía en el fondo de un lago sagrado que existió en este enclave en tiempos remotos. Obviamente, esta última explicación resulta aun más perturbadora, pues nadie sabe cómo pudo acabar semejante construcción en el fondo de una laguna. Igualmente extraña es la Ishibutai Kofun, una impresionante tumba compuesta por 30 bloques de piedra gigantescos, que protegen una cámara subterránea, cuyo techo se eleva a más de siete metros. Para que se hagan una idea del tamaño de este colosal monumento, quédense con este dato: los dos bloques que sellan la parte superior del Ishibutai Kofun pesan 136 toneladas.

> «Para que se hagan una idea del tamaño de este colosal monumento, quédense con este dato: los dos bloques que sellan la parte superior del Ishibutai Kofun pesan 136 toneladas.»

A unos 130 kilómetros al oeste del Parque Arqueológico de Asuka, en los alrededores de la localidad de Takasago (prefectura de Hyogo), se yergue otro de estos monumentos megalíticos que desafían a la lógica. Se trata del Ishi-no-Hoden, un bloque de piedra que parece haber sido trabajado con pulidoras y cortadoras mecánicas. De apariencia cúbica, el monolito posee dos extraños apéndices a cada lado, como si se hubieran dispuesto para transportarlo, lo que le confiere el aspecto de un yunque. Además, en su parte superior se le practicaron dos cavidades, ahora cubiertas por la vegetación, particularidad que ha hecho suponer que sus autores también fabricaron el ya citado Ishibutai Kofun. Visitado por miles de devotos shintoístas, se desconoce todo sobre su origen.

Naturalmente, el debate de cómo, quién y con qué tecnología se construyeron estas moles impresionantes ha propiciado que circulen toda clase de teorías al respecto.

Estas mismas dudas surgen al tratar de interpretar otros objetos imposibles –y mucho más antiguos– hallados en Japón. Las inquietantes figurillas Jomon o los petroglifos de Okinawa figuran por derecho propio en los mejores catálogos de lo ignoto.

Desde 1.978, la Sociedad para el Estudio de los Petroglifos de Japón ha descubierto más de 3.000 rocas con raros símbolos y caracteres inscritos en los alrededores de Okinawa, al sur de este país. La mayoría de estas piezas fue hallada en el interior de relevantes yacimientos arqueológicos o en las cumbres de montañas sagradas, enclaves que han sido objeto de adoración por los nativos probablemente desde tiempos prehistóricos. Muchos de estos petroglifos pueden verse en el Museo Gubernamental de la Prefectura de Okinawa, cuyos arqueólogos y paleógrafos han datado las piezas entre el 12.000 y el 6.500 antes de nuestra era, adjudicando su autoría a las enigmáticos pueblos del mar de Sobata, quienes también erigieron los característicos megalitos y viviendas de la cultura Okinawa.

Los dibujos inscritos en varios de estos petroglifos resultan elocuentes, aunque el más famoso, sin duda, es el que presenta una serie de edificios con forma piramidal que parecen perderse

Yonaguni, la estela del extremo oeste de Japón.

> Apenas conocido en el resto del mundo, el megalitismo japonés guarda extraordinarias —y poco explicadas— semejanzas con sus homólogos atlántico y mediterráneo.

en el océano. Aunque descifrar el sentido exacto de los dibujos se antoja imposible, algunos investigadores relacionan su contenido con la leyenda de Nirai-Kanai, una tierra ubicada en los confines del mar de donde supuestamente provenían los dioses civilizadores que arribaron en Okinawa. Pese a su carácter legendario, muchos habitantes de Okinawa creen en este relato fundacional, que describe su patria primigenia como una gran isla donde moran en paz los espíritus de sus antepasados.

No obstante, tampoco faltan quienes vinculan esa misteriosa isla con el continente perdido de Mu. De hecho, estudios geológicos señalan que el área situada hacia el este de Okinawa resultó arrasada por un cataclismo hace unos 14.000 años, curiosamente la misma fecha en que las leyendas de Okinawa sitúan el desastre geológico que sumergió la idílica tierra de sus antepasados, como si de la Atlántida de Platón se tratara. Por cierto, los epigrafistas japoneses que tratan de desvelar el significado de los petroglifos de Okinawa han llegado a una conclusión sorprendente. Y es que al menos un 30% de los signos estudiados parecen guardar cierta relación con caracteres cuneiformes proto-sumerios, aunque ninguno de los especialistas ha podido concretar cuál es el vínculo concreto entre ambos sistemas de comunicación. Tampoco hay acuerdo a la hora de valorar otro de los mayores enigmas de Japón, el constituido por las misteriosas estatuillas antropomorfas labradas durante el periodo Jomon.

> La destrucción de la legendaria Nirai-Kanai, hace 14.000 años, coincide con la datación geológica de un cataclismo que asoló la región de Okinawa.

Referirse a esta cultura es entrar en un territorio plagado de supuestos e incertidumbres, comenzando con su datación misma. Si hasta no hace mucho se marcaba el límite de 11.000 a. C., recientes hallazgos arqueológicos han retrasado esta fecha al menos dos mil quinientos años, con lo que todo lo concerniente a la cultura

Otra de las formaciones de Yonaguni con apariencia artificial.

Jomon suele etiquetarse como "lo más antiguo de la humanidad". Esta catalogación incluye a su cerámica, moldeada con la aplicación de cuerdas (el término Jomon viene a significar precisamente "cerámica marcada con cuerdas"). También son de arcilla las enigmáticas estatuillas fabricadas por esta cultura. Conocidas como dogu, son tan antiguas como las vasijas (11.000 a. C.), pero mucho más célebres que éstas. El motivo principal son los pequeños humanoides que representan, cuyos rasgos y atuendos han hecho que se presuma el origen extraterrestre de los modelos. Obviamente, los antropólogos difieren de esta teoría, proponiendo que se trata de representaciones de diosas, de modo semejante a como se esculpieron las diosas madres neolíticas.

Sea como fuere, los enigmáticos dogu constituyen sólo un ingrediente más en el extraordinario puzzle de anomalías arqueológicas que componen Japón. Si hubo un continente en mitad del océano Pacífico, ahora sumergido, el país del sol naciente podría tener las claves para sacarlo a flote.

capítulo XII

LA PIRÁMIDE PRIMORDIAL DE GUNUNG PADANG

«Mucha gente cree que la Prehistoria fue una era primitiva, pero Gunung Padang prueba exactamente lo contrario».

Danny Hilman Natawidjaja, geólogo indonesio.

Borobudur, en Indonesia; © Yongyut Kumsri (págs 298-299)
Pinturas rupestres en la Cueva Pettakere; © Cahyo Ramadhani (págs 304-305)
Cráneo del Hombre de Flores; Ryan Somma (pág 306)
Vista de Gunung Gede desde una plantación de té cercana; © Tanti Ruwani (págs 312-313)
Puente de dragón en Monkey Forest Sanctuary; © RM Nunes (págs 318-319)

Hasta hace pocas décadas, Europa presumía de ser poco menos que la cuna del megalitismo. Ya saben, Stonehenge, Carrowmore, Carnac, Menga o Vila Nova, por poner sólo unos ejemplos, atraían a millones de visitantes ansiosos por contemplar la obra arquitectónica de eficientes sacerdotes astrónomos que vivieron junto a los litorales atlántico y mediterráneo en un pasado tan glorioso como remoto. Obviamente, la pretensión de un arte megalítico exclusivo del viejo continente fue topándose con sucesivos hallazgos arqueológicos que, en opinión de un buen puñado de disidentes de la postura oficial, desbarataban la supuesta primacía del megalitismo céltico a nivel mundial. Porque, ¿acaso no son megalitos los que erigió la cultura Jomon de Japón? ¿Dónde ubicamos los cromlech de Nabta Playa o los pilares de Göbekli Tepe? ¿Y qué decir de los megalitos colombianos de Tierradentro o de San Agustín? Acostumbrados a escribir la historia, los europeos solemos pecar de cierta arrogancia al calibrar los méritos de nuestros vecinos en otras partes del globo, y no sólo en lo que se refiere al patrimonio arqueológico.

> La pretensión de un arte megalítico exclusivo de Europa ha ido topándose con sucesivos hallazgos arqueológicos que, en opinión de muchos disidentes de la postura oficial, desbaratan la supuesta primacía del megalitismo céltico.

Sin embargo, cada vez aparecen más evidencias que apuntan a una posibilidad fascinante: la chispa civilizadora surgió al mismo tiempo en regiones del planeta muy distantes entre sí. Como ejemplo nada sospechoso, baste señalar la portada de la revista *Nature* en octubre de 2.014, dedicada al arte de la Edad de Hielo en los trópicos. Muchos aficionados a la prehistoria tendrán aún presente la espectacular imagen de un anoa o búfalo enano plasmada en una cueva de Sulawesi (Indonesia) y las no menos impactantes conclusiones a las que se llegaba en el interior del número de *Nature*. Porque, nuevamente, Europa veía temblar uno de sus hitos más celebrados: el récord de antigüedad de las primeras manifestaciones artísticas del ser humano.

Obviamente, la imagen de la portada de *Nature*, por sí sola no nos dice mucho. Lo importante es el contexto en que tuvieron lu-

Esta escultura en la isla de Célebes es un ejemplo de megalitismo en Indonesia.

gar los hechos. Y ese escenario resulta desconcertante. En primer lugar, los artistas rupestres que dibujaron al animal no vivieron cerca de Cantabria, en España, o de Ardèche, en Francia, dos de las regiones más emblemáticas en lo que a arte prehistórico se refiere. De hecho, para encontrar su rastro hay que viajar hasta Sulawesi, en Indonesia, a aproximadamente 12.000 kilómetros de distancia de las famosas cuevas europeas de El Castillo y de Chauvet.

Pese a la enorme separación geográfica, las cavernas de la isla de Célebes —Sulawesi es su denominación en bahasa indonesio— y las del sur de Europa tienen muchos rasgos comunes; demasiados, en opinión de algunos expertos. Y no se trata sólo de que el estilo de los artistas de ambas regiones sea extremadamente parecido, sino de que todos aquellos pintores prehistóricos, los europeos y los del sureste asiático, vivieron y pintaron "al mismo tiempo" hace alrededor de 40.000 años. En realidad, si hay que ponerse meticuloso, los artistas de Sulawesi habrían lle-

> Más de 17.000 islas conforman el crisol de culturas y tradiciones de Indonesia, país que varios investigadores señalan como sede de una remota Atlántida asiática.

gado antes, pues una redatación de sus pinturas señala que éstas serían incluso más antiguas que las plasmadas en las cuevas cántabras. Por cierto, y muy importante, las pinturas de Sulawesi, situadas en unas cuevas kársticas cercanas a la localidad de Maros, eran sobradamente conocidas por los arqueólogos, pues se descubrieron en la década de 1.950. El problema es que su datación original las situaba hace unos 10.000 años, la misma época en que supuestamente se extinguió el Hombre de Flores. Evidentemente, dicha cronología era rotundamente errónea y, como sucede tan a menudo, hemos de retrasar el reloj de la historia muchos milenios.

Como quedó reflejado en *Nature*, los arqueólogos que firman el artículo utilizaron una revolucionaria técnica denominada datación por series de uranio-torio, método que se usó hace no mucho en las cuevas de Altamira, en España. Este sistema no se basa en la datación de los pigmentos de las pinturas, sino que se aplica a los residuos de calcita que van acumulándose sobre las mismas, residuos que contienen trazas significativas de uranio, un elemento químico que deja pistas de su actividad más allá de 200.000 años. En conclusión, el uranio nos dice que las cavernas de Sulawesi se pintaron hace 39.900 años, casi 30.000 años antes de lo que se suponía y, como ya he mencionado, al mismo tiempo en que uno de nuestros antepasados dibujó un disco rojo en la cueva cántabra de El Castillo, al menos 40.800 años atrás. Es precisamente esto, la simultaneidad de ambos procesos artísticos —en Europa y en Indonesia— lo que convierte en fascinante a todo este asunto.

> «En conclusión, el uranio nos dice que las cavernas de Sulawesi se pintaron hace 39.900 años, casi 30.000 años antes de lo que se suponía y, como ya he mencionado, al mismo tiempo que uno de nuestros antepasados dibujó un disco rojo en la cueva cántabra de El Castillo, al menos 40.800 años atrás.»

BUSCANDO A LOS PRIMEROS HUMANOS

Hasta el hallazgo de Sulawesi, el mayor problema al que se enfrentaban los arqueólogos era el de averiguar por qué estas manifestaciones artísticas tan tempranas se produjeron exclusivamente en el marco geográfico de Europa, como si la evolución de la mente humana se hubiese detenido o ido con retraso en el mundo. Ahora tenemos la solución parcial a este interrogante: los artistas prehistóricos de Indonesia se comportaban igual que sus homólogos europeos. Otra cosa es que la respuesta a la primera cuestión, la de la "excepcionalidad cultural europea", abra un misterio aún mayor. Si esto ocurrió a la vez en Indonesia y en Europa, ¿acaso no es lógico pensar que pudo suceder lo mismo en el resto del planeta?

> El arqueólogo Thomas Sutikna continúa investigando al enigmático "hombre de Flores".

Cueva de Liang Bua, en la isla de Flores, donde en 2.003 se hallaron los restos del polémico Hombre de Flores.

Para Thomas Sutikna, coautor del informe publicado en *Nature*, «es probable que el arte rupestre fuera una práctica extendida entre los primeros humanos que dejaron África decenas de miles de años antes. De haber sido así, estas representaciones de animales podrían tener connotaciones mucho más profundas». Sutikna, arqueólogo de la universidad australiana de Wollongong, está familiarizado con esas "connotaciones profundas". No en vano, hace años que investiga el enigma del Hombre de Flores, la especie extinta del género Homo que habitó las cuevas de esa isla homónima, igualmente ubicada en Indonesia, hasta tan tarde como 10.000 a. C.

Todo lo concerniente a este asunto refleja dos problemas a los que nos tiene acostumbrados la ciencia arqueológica. Por un lado, nuevamente ha quedado de manifiesto que las dataciones, a menudo, tienden a minusvalorar la antigüedad de los yacimientos, cuando no a equivocarse por decenas de miles de años. Por otro, la historia de la humanidad tiene cada vez más lagunas y sombras aparentemente irreconciliables con la "tozudez" de las evidencias. No hace falta salir de Indonesia para descubrir otro ejemplo, aun más llamativo, de lo anterior.

A unos 1.300 km al suroeste de Maros, muy cerca de la localidad de Cianjur y a apenas 8 km de la aldea de Karyamukti, en Java Occidental, se alza Gunung Padang, uno de los sitios megalíticos más extensos y polémicos del mundo.

A grandes rasgos, la primera noticia que tenemos de este singular yacimiento data de 1.914, año en que fue descubierto para Occidente por el Departamento de Antigüedades de Holanda (Rapporten van de Oudheidkundige Dienst), país colonizador que controlaba Indonesia desde el siglo XVII. Más de

> El hombre de Flores (Homo floresiensis), apodado "hobbit", es una especie extinta del género Homo que habitó hasta hace 12.000 años en la isla indonesia de Flores.

tres décadas después del hallazgo, concretamente en 1.949 –justo el año en que Indonesia obtuvo la independencia–, otro neerlandés, el historiador y arqueólogo Nicolaas J. Krom, quien había estudiado a fondo el excepcional sitio de Borobudur (Java Central), dedicó varias páginas de uno de sus libros al por entonces prácticamente inexplorado Gunung Padang.

Gunung Padang es un misterioso yacimiento arqueológico situado junto a la aldea de Karyamukti, en Cianjur, en la provincia indonesia de Java Occidental.

Sin embargo, parece que la mayoría de arqueólogos europeos estaban más interesados por la mencionada estupa y demás templos budistas de la región, porque del yacimiento que nos ocupa no volvió a saberse nada hasta 1.979, fecha en que el Gobierno indonesio comenzó a destinar fondos para su investigación. No obstante, las excavaciones como tales no se pusieron en marcha hasta 2.003, aunque éstas apenas se prolongaron durante tres años escasamente fructíferos. No es improbable que sólo la ingente tarea de desbrozar el área, una gigantesca pirámide aparentemente natural oculta por un densísimo manto de árboles y vegetación selvática, echara para atrás a las autoridades indonesias, que cerraron antes de tiempo el grifo de la financiación.

Una mejor coyuntura económica y ciertas ambiciones nacionalistas propiciaron la reanudación de las excavaciones en 2.010, tareas de las que se hizo cargo el excelente geólogo y arqueólogo local Danny Hilman Natawidjaja, del Instituto de Ciencias de Indonesia. Desde entonces y hasta hoy, el escenario de Gunung Padang ha cambiado sustancialmente. Tanto que, en junio de 2.014, el Gobierno de Yakarta otorgaba al sitio la categoría de monumento de interés nacional, delimitando y vallando el área que ocupa el yacimiento para protegerla de la acción de intrusos y cazatesoros. No es poco.

Ubicado en la cima de una montaña de origen volcánico, a más de 900 metros sobre el nivel del mar, las estructuras que conforman Gunung Padang se integran a lo largo y ancho de 29 hectáreas —aproximadamente cuatro campos de fútbol—, una extensión inusualmente grande que da cuenta de la importancia que debió tener en el pasado. Dichas estructuras se distribuyen en cinco patios o terrazas, conectados entre sí mediante pequeñas escalinatas. No obstante, la que da acceso al primero y más amplio de los patios, situada en el noroeste, es necesariamente mayor, pues consta de unos 370 peldaños que nacen en el valle situado al pie de la montaña, a aproximadamente 90 metros bajo el punto más elevado del yacimiento.

Los arqueólogos que excavan en Gunung Padang encontraron en su superficie grandes bloques de basalto trabajados por manos humanas, pilares que también aparecieron a diferentes alturas de la montaña-pirámide.

Sirvan estos datos para hacernos una somera composición de lugar, ya que el estado general de Gunung Padang es de absoluta ruina. De hecho, lo que se encontrará el visitante son bloques o pilares de andesita dispersos aquí y allá, tres o cuatro montículos y ciertos desniveles tras los cuales se adivina la partición de lo que fueron recintos de alguna clase y seguramente las calles que los conectaban. Afortunadamente, la andesita, un mineral de origen volcánico similar al basalto, ha servido para adivinar bastante más de lo que se aprecia a simple vista.

Si las dataciones por carbono son correctas, Gunung Padang se remontaría al año 22.000 a. C.

Oficialmente, antes de la intervención del equipo de Hilman Natawidjaja, se adjudicaba a Gunung Padang una antigüedad aproximada de hacia 2.500 al 1.500 a. C., esto es, en torno a la Edad del Bronce. Sin embargo, cuando en 2.010 este geólogo procedió a confirmar dichos datos sobre muestras más profundas, que dató con el método del Carbono-14, obtuvo unas cifras radicalmente distintas, pues remontaban los niveles más antiguos del yacimiento hasta al menos el año 22.000 a. C., –el investigador británico Graham Hancock cita 26.000 a. C.–, constatando además varios rangos de sucesivas intervenciones arquitectónicas en el tiempo, situando las últimas en el horizonte cercano de 2.800 a. C.. La conclusión evidente no es sólo que Gunung Padang parece ser escandalosamente más antiguo de lo que se suponía, sino que sus primeros constructores debieron ser humanos del Paleolítico superior, una etapa anterior a la Edad de Piedra en la que, supuestamente, nuestros ancestros cazadores-recolectores eran incapaces de imaginar siquiera un atisbo de Gunung Padang. Pero hay más.

La planicie superior de Gunung Padang se distribuye en cinco patios o terrazas conectados mediante pequeñas escalinatas.

Como a cualquiera que observe la montaña sobre la que se ubica el yacimiento, a Danny Hilman le intrigó su morfología marcadamente piramidal, lo que le llevó a suponer que ésta podía ocultar una estructura artificial, fuese una estupa u otra clase de edificio. De manera que, haciendo uso de la tecnología a su disposición (medios que incluían un georadar de subsuelo, tomografía de refracción sísmica y otras técnicas de prospección subterránea), el geólogo indagó en las entrañas de la colina de Gunung Padang, obteniendo unos resultados tan sorprendentes como la propia datación del yacimiento.

Capítulo XII: La pirámide primordial de Gunung Padang

ARQUITECTOS PREHISTÓRICOS

En concreto, Hilman Natawidjaja confirmó la presencia, a diferentes alturas de la montaña, de pilares de andesita dispuestos horizontalmente, cuando lo habitual es que esta clase de materiales de origen ígneo, o sea volcánico y por tanto natural, se desarrollen verticalmente. Además, detectó la existencia de una amplia cámara hueca en el corazón de la montaña, cavidad con aproximadamente 25 metros de longitud que el geólogo identificó con una cueva natural. A Danny Hilman no le extrañó el hallazgo de la caverna, dado que Java Occidental es uno de los enclaves con mayor número de abrigos y cuevas prehistóricos del planeta. De hecho, partiendo de las dataciones obtenidas, dedujo que la cueva pudo haber estado habitada cuando menos durante el Paleolítico superior, esto es, entre 40.000 y 12.000 años antes de nuestra era. O incluso en un tiempo aún más remoto —no olvidemos que la presencia de homínidos en Java se retrasó recientemente hasta la alucinante fecha de 1,8 millones de años de antigüedad—. En cuanto a los pilares de andesita, el hecho de que aparecieran tumbados unos sobre otros daba a entender que habían sido trabajados por manos humanas, y que formaban parte de una construcción artificial sin duda muy anterior en el tiempo a Gunung Padang. El descubrimiento de la cueva no haría sino incidir en esta posibilidad, ya que lo habitual en esta clase de asentamientos humanos era la superposición de los mismos, de igual modo a como ocurre con tantos y tantos templos actuales, edificados justo en el mismo enclave donde antes hubo otros vinculados con cultos paganos o incluso prehistóricos.

En cualquier caso, la hipótesis de trabajo del geólogo indonesio era a todas luces extraordinaria, pues situaba en la montaña de Gunung Padang construcciones artificiales probablemente edificadas hace más de 20.000 años, lo que las convertiría en las más antiguas de la humanidad. En suma, estaríamos ante un suceso tan

«Hilman Natawidjaja detectó la existencia de una amplia cámara hueca en el corazón de la montaña, cavidad con aproximadamente 25 metros de longitud que el geólogo identificó con una cueva natural.»

> «[...] la hipótesis de trabajo del geólogo indonesio era a todas luces extraordinaria, pues situaba en la montaña de Gunung Padang construcciones artificiales probablemente edificadas hace más de 20.000 años, lo que las convertiría en las más antiguas de la humanidad.»

impensable como imposible desde la perspectiva de la ortodoxia histórica y científica.

Muy pronto, las noticias de la hipótesis preliminar de Hilman Natawidjaja —un académico acostumbrado a publicar en boletines científicos de primer orden— llegaron a varios medios de comunicación australianos y, de ahí, saltaron numerosos blogs de contenido arqueológico. Pues bien, como era de esperar, pronto surgieron voces que ponían en tela de juicio las conclusiones de Danny Hilman, tanto fuera como dentro de su país. De hecho, a finales del verano de 2.014, según informaba en su blog el investigador Graham Hancock —quien por cierto se mantenía en contacto permanente con Hilman—, el *establishment* académico indonesio habría presionado al Gobierno de aquel país para detener las excavaciones en Gunung Padang, incluso con la excusa de que las mismas eran una afrenta para las creencias de varias tribus locales. Pese a todo, parece que el prestigio de Hilman Natawidjaja se impuso a las presiones de algunos de sus colegas y éste ha podido continuar su fascinante trabajo en Gunung Padang, según precisaba Hancock en su muy referenciado blog.

Pero Hancock no es el único investigador independiente interesado en todo lo concerniente a este yacimiento indonesio. Su colega Andrew Collins, otra de las voces más respetadas en el ámbito de la arqueología alternativa, lleva años con su lupa puesta sobre el sitio de Cianjur. De hecho, el celebrado autor de The Cygnus Mystery ha indagado en los posibles vínculos arqueoastronómicos del sitio de Gunung Padang, ofreciendo una perspectiva nueva y fascinante sobre esta montaña de Java Occidental, montaña que él también cree que ocultaría la pirámide escalonada más antigua de la humanidad.

En este sentido, Collins se fijó en la orientación norte-noroeste del yacimiento, presumiendo que la misma podía obedecer a la señalización de una cota relevante, ya fuera en el cielo —quizá una estrella o una constelación— o, en la tierra, tal vez un enclave que los constructores de Gunung Padang o quienes les precedieron consideraran especialmente relevante. Ello no sería extraño, asumiendo que en el sitio hubo presencia humana de forma ininterrumpida desde el Paleolítico superior, cuando no desde antes.

También pudiera ser que la cueva oculta en la montaña fuese una especie de santuario desde el que se contemplara alguna clase de evento celeste o geológico.

Para dilucidar el asunto de la orientación, el investigador británico se puso en contacto con Rodney Hale, un ingeniero experto en megalitismo con el que ya había colaborado en el yacimiento preneolítico de Gobekli Tepe (Turquía). Tras descartar que Gunung Padang se orientara justo al contrario de lo que presuponían —la visibilidad desde el eje sur-sureste era muy limitada debido a la inclinación de las plataformas—, buscaron cotas significativas en el horizonte norte-noroeste, notablemente más despejado e interesante que su inverso.

El monte Gede, en Java Occidental (Indonesia), visto desde Sukabumi Regency. El pico más pequeño de la izquierda es el Pangrango. Ambos se integran en un gran cono volcánico.

De inicio, los investigadores fijaron la vista en una montaña que se erigía unos 10 kilómetros a lo lejos. Si bien consideraron que los apenas 80 metros que se levantaba por encima de Gunung no eran suficientes para tomarla como objetivo. Sin embargo, un poco más lejos de esta colina reconocieron el perfil atormentado de uno de los estratovolcanes de la isla o, para ser más exactos, los dos prominentes picos que se formaron tras uno de los últimos estallidos del mismo: Gunung Pangrango, con 3.019 metros de altura, y Gunung Gede, su gemelo y algo menor (2.958 metros), ambos situados a unos 30 kilómetros en línea recta de Gunung Padang, en mitad del Parque Nacional Gunung Gede Pangrango, uno de los enclaves más visitados de la isla y, a la sazón, reserva mundial de la biosfera. El hecho de que aquellos picos se hubiesen formado en las inmediaciones de una espectacular caldera volcánica les otorgaba un especial interés, pero Collins necesitaba alguna otra evidencia. Fue entonces cuando recordó una vieja leyenda local que le había contado el geólogo Danny Hilman Natawidjaja, según la cual los constructores de Gunung Padang pertenecían a una misteriosa raza que habitó, en épocas muy remotas, en las laderas de los mencionados picos, lugares que los nativos consideraban sagrados desde tiempo inmemorial.

> «Gunung Pangrango, con 3.019 metros de altura; y Gunung Gede, su gemelo y algo menor (2.958 metros), están situados a unos 30 kilómetros en línea recta de Gunung Padang, en mitad del Parque Nacional Gunung Gede Pangrango.»

A continuación, Collins y Hale se propusieron confirmar desde qué punto concreto de Gunung Padang pudieron establecerse las observaciones de dichas cotas. No tardaron mucho en hacerlo. Situados en la plataforma más amplia y cercana a la escalinata que ascendía desde el valle, vieron una elevación del terreno que ocupaba la zona central y parecía corresponderse con una estructura prominente, quizá un mirador u observatorio primitivo, reflexionaron. Ubicados en dicho punto, advirtieron que justo delante de sus ojos, a izquierda y derecha, se elevaban el Gunung Pangrango y el Gunung Gede, los dos picos-escolta del estratovolcán. Aquello les persuadió de que estaban en el lugar correcto. Pero, ¿qué tenía aquel volcán para que los nativos lo viesen como el objeto central de sus creencias?

Andrew Collins consultó el historial de erupciones del Gede-Pangrango, actualmente inactivo, advirtiendo que éstas han venido produciéndose periódicamente desde hace unos 12.000 años, constatándose las últimas en el año 1.000 a. C. y la más recien-

Cualquiera diría que es una pirámide maya, pero el templo de Candi Sukuh está en el corazón de la isla de Java.

te en 1.840, además de otras menores que sólo se reflejaron en los registros de los vulcanólogos locales y las anteriores a dichas fechas, que están fuera del rango de registros. Obviamente, la intención de Collins era hallar un vínculo entre alguna de estas erupciones y la fundación de Gunung Padang. Curiosamente, descubrió que uno de los estallidos más terribles del volcán se produjo alrededor del 4.000 a. C., fecha que coincidía más o menos con la datación oficial del yacimiento, entre 2.500 y 1.500 a. C. No obstante y como ya hemos visto, dicha datación se realizó sobre los restos de la última etapa de construcción del sitio megalítico, de manera que el evento geológico que quizá provocó la fundación de Gunung Padang —si es que se trató de eso—, hace 22.000 o 20.000 años, está completamente fuera del alcance de las mediciones científicas.

Claro que siempre nos quedan los registros míticos, esos que la ciencia suele despreciar, aunque en tantas y tantas ocasiones se haya demostrado que suelen surgir a partir de un hecho histórico, real; adornado tal vez, pero fidedigno al fin y al cabo.

Como era de esperar, las poblaciones locales tienen un nutrido arsenal de leyendas, entre las que no faltan los consabidos mitos creacionales y el relato arquetípico acerca de una «repoblación» tras un suceso cataclísmico de magnitudes enormes, concretamente una terrible inundación aderezada con intensos fuegos. La devastación total, en suma. Las consecuencias de aquel pavoroso episodio quedaron grabadas en la psique del pueblo indonesio, profundamente respetuoso con un entorno geológico particularmente adverso para la vida humana. Ubicado a ambos lados del Ecuador terrestre y en el borde de las placas tectónicas del Pacífico, Euroasiática e Indoaustraliana, este país ha sufrido innumerables erupciones volcánicas, terremotos y tsunamis. Baste recordar los casos del volcán Tambora, tristemente célebre por la devastación que causó en el siglo XIX, o el maremoto de Sumatra-Andamán de 2.004 que mató a casi 170.000 personas.

No es extraño, pues, que muchos nativos de estas tierras continúen profesando cultos animistas y aún practiquen rituales para el apaciguamiento de volcanes, o pongan su destino en la voluntad de sus dioses; divinidades que, del mismo modo que ocurre con los mitos creacionales de otras culturas del Índico y del Pacífico sur, descendieron de los cielos a bordo de extrañas naves.

Un buen ejemplo de esto último lo hallamos en la isla Célebes, donde iniciábamos este capítulo a propósito de las pinturas rupestres más antiguas de la humanidad. Allí, los toraja, una tribu célebre por sus rituales funerarios —los entierros de sus seres queridos pueden durar meses e incluso años—, lo es también por sus llamativas viviendas con apariencia de barco, una forma de rendir perenne homenaje a los seres que les regalaron las herramientas que hicieron posible su civilización, entidades que bajaron a Sulawesi desde las nubes a bordo de embarcaciones parecidas a los barcos de los pescadores. Ésa es, al menos, la historia que siguen contando los más ancianos del lugar.

> «[...] las poblaciones locales tienen un nutrido arsenal de leyendas, entre las que no faltan los consabidos mitos creacionales y el relato arquetípico acerca de una "repoblación" tras un suceso cataclísmico de magnitudes enormes, concretamente una terrible inundación aderezada con intensos fuegos.»

BIBLIOGRAFÍA

ALFORD, Alan F. *Dioses del nuevo milenio*. Martínez Roca, 1.997.

BALTER, Michael. "The Goddess and the Bull". *Çatalhöyük: an Archaeological Journey to the Dawn of Civilization*. Free Press, 2.004.

BAUVAL, Robert. *La cámara secreta: en busca de los orígenes del antiguo Egipto*. Anaya, 2.001.

BAUVAL, Robert / HANCOCK, Graham. *Guardián del Génesis*. Seix Barral, 1.997.

CAMPBELL, Joseph. *En busca de la felicidad. Mitología y transformación personal*. Editorial Kairós, 2.014.

CERAM, C. W. *Dioses, tumbas y sabios. La gran aventura de la arqueología*. Ediciones Destino, 2.009.

COLLINS, Andrew. *The Cygnus Mystery: Unlocking the Ancient Secret of Life's Origins in the Cosmos*. Watkins Publishing, 2.010.

COLLINS, Andrew. *Göbekli Tepe: Genesis of the gods*. Bear & Company, 2.014.

CHARROUX, Robert. *Cien mil años de historia desconocida*. Plaza & Janés, 1.982.

CHURCHWARD, James. *The Lost continent of Mu*. Brotherhood of Life, 1.987.

D'AGOSTINO, Franco. *Gilgames o la conquista de la inmortalidad*. Trotta Editorial, 2.007.

DEMIR, Omer. *Cappadocia: The Cradle of Civilization*. Ajans-Turk Publishing and Printing Co., 1.993.

DUNN, Christopher. *Tecnologías del antiguo Egipto*. Ediciones Urano, 2.000.

ELLIS, Richard. *En busca de la Atlántida: mitos y realidad del continente perdido*. Grijalbo, 2.000.

FINKEL, Irving. *The Ark Before Noah: Decoding the Story of the Flood*. Hodder & Stoughton, 2.014.

FROMM, Erich. *The Anatomy of Human Destructiveness*. Holt Paperbacks, 1.992.

GODWIN, Joscelyn. *El mito polar: el arquetipo de los polos en la ciencia, el simbolismo y el ocultismo*. Ediciones Atalanta, 2.009.

GUÉNON, René. *Símbolos fundamentales de la ciencia sagrada*. Paidós Ibérica, 1.995.

HANCOCK, Graham. *Las huellas de los dioses*. Ediciones B, 1.996.

HEATH, Richard. *Los números sagrados y el origen de la civilización*. Ediciones Obelisco, 2.010.

HODDER, Ian. *The Leopard's Tale: Revealing the Mysteries of Çatalhöyük*. Thames & Hudson, 2.006.

JOHNSON, David. *Beneath the Nasca Lines and Other Coastal Geoglyphs of Peru and Chile*. Global Learning, 2.009.

KRAMER, Samuel Noah. *La historia empieza en Sumer: 39 primeros testimonios de la historia escrita*. Alianza Editorial, 2.010.

LEWIS-WILLIAMS, David / PEARCE, David. *Dentro de la mente neolítica*. Ediciones Akal, 2.009.

LOURIE, Peter. *The Lost World of the Anasazi: Exploring the Mysteries of Chaco Canyon*. Boyds Mills Press, 2.003.

LUCKERT, Karl W. *Stone Age Religion at Göbekli Tepe*. Triplehood, 2.013.

MASPERO, Gaston. *The Dawn of Civilization: Egypt and Chaldea*. Society for Promoting Christian Knowledge, 1.910.

MELLAART, James. *The Neolithic of the Near East*. Scribner Publishing, 1.975.

MICHELL, John. *A Little History of Astro-Archaeology (Stages in the Transformation of Heresy)*. Thames & Hudson, 1.989.

PARROT, André. *El Diluvio y el Arca de Noé*. Ediciones Garriga, 1.961.

PAUWELS, Louis / BERGIER, Jacques. *El retorno de los brujos*. Plaza & Janés, 1.997.

PIZZUTI, Marco. *Descubrimientos arqueológicos no autorizados*. Ediciones Obelisco, 2.013.

REICHE, Maria. *Contribuciones a la geometría y astronomía en el antiguo Perú*. Epígrafe Editores, 1.993.

ROSTWOROWSKI, María. *Origen religioso de los dibujos y rayas de Nasca*. Journal de la société des américanistes, 1.993.

SCHMIDT, Klaus. *Göbekli Tepe: the Stone Age Sanctuaries. New results of ongoing excavations with a special focus on sculptures and high reliefs*. Deutsches Archäologisches Institut, 2.010.

SCHOCH, Robert M. / MCNALLY, Robert A. *El misterio de la pirámide de Keops*. Edaf, 2.008.

SKINNER, Stephen. *Geometría sagrada: descifrando el código*. Gaia Ediciones, 2.007.

SPANUTH, Jürgen. *La Atlántida: en busca de un continente desaparecido*. Orbis, 1.987.

STUKELEY, William. *Stonehenge, a Temple Restored to the British Druids*. Cornerstone Book Publishers, 2.009.

THOM, Alexander. *Megalithic remains in Britain and Brittany*. Oxford University Press, 1.978.

THOMSON, William P. L. *The New History of Orkney*. Birlinn Limited, 2.008.

VANCE, Robert. *The Magic of Pagan Ireland*. O'Brien Press, 2.006.

VANCE, Robert. *Secrets Of The Stones: Decoding Ireland's Lost Past*. Ashfield Press, 2.009.

VVAA. *Journal of the Anthropological Institute of Great Britain and Ireland, The (vol. 1)*. Trübner & Co, 1.872.

WADDELL, John. *The Prehistoric Archaeology of Ireland*. Galway University Press, 1.998.

WAKEMAN, William F. *A hand-book of irish antiquities*. Bracken Books, 1.995.

WEST, John Anthony. *La serpiente celeste*. Grijalbo, 2.000.

WOOLLEY, Leonard. *Excavation at Ur: a record of twelve year's work*. Kegan Paul, 2.006.